AF607345

Florbela Espanca

Exiliada de la vida

Marta Serrano Jiménez

www.archivosvola.es
rescatando el acervo

ISBN: 978-84-129137-5-0
Depósito legal: M-2603-2025

Impreso en España

Índice

para Guillermo, por existir (*et sic in infinitum*)

I like a look of Agony
Because I know it's true.
Emily Dickinson

Una exiliada de la vida

Dice Octavio Paz que los poetas no tienen biografía. Su obra es su biografía.[1] La vida de Florbela, que se agotó el día de su trigésimo sexto cumpleaños, es un suspiro que deja la impronta límpida del gesto de la pena. Cada uno de sus treinta y seis años se clavaron en ella como espinas volviéndose contra los pétalos de la rosa. Esa es la imagen que Florbela dejó: la de la rosa ahorcada por sus propias espinas. Quizás esa imagen sea todo lo que podemos decir verdaderamente de su vida; eso y que fue un verso de Gérard de Nerval: *e fui, talvez, um verso de Nerval*, dicta el poema *Mi mal*.

El erotismo trágico de su poesía está inscrito en su nombre: Flor Bela –como una flor bella– Espanca, que viene del verbo *espancar* que en portugués tiene la acepción de ahuyentar a los demonios. Esa es Florbela, lo que ella es y su tedio están inscritos en su nombre y apellido: la bella flor que espanta demonios. Está inscrito en esa unión, entre la belleza sutil de las flores y lo fatídico de su apellido, lo que marca sus versos y su vida. Y encontrará la flor más árida de Portugal para hacer de ella su alter ego: la charneca, la flor púrpura, como el color de la realeza. Y es en ese erotismo incontestable entre la plenitud efímera de la charneca en flor y la presencia funesta de la muerte donde podemos encontrar un lazo entre la vida y la obra. Florbela, *Bela! Bela!* Como un tallo quebrado ahogándose en su propia savia sangrante, así es el rostro de Florbela. La vida de la quimera, la expresión de la *mágoa*, el corazón de la *saudade.*

"Un poeta canta la existencia que él encara", dice a propósito de Florbela la novelista Agustina Bessa-Luís, autora de una de las primeras y más completas biografías que existen sobre la poeta. La existencia de Bela está marcada desde el nacimiento, en brazos de un padre y dos madres: la esposa infértil de su padre y la madre biológica de quince años que cedió su vientre a la familia Espanca dos veces: la primera, con Bela; la segunda con su querido hermano Apeles. Es sabido que su primer poema, a los ocho años, fue sobre la muerte, titulado *A Vida e a Morte*. Creció en Vila Viçosa, Real Sitio del Alentejo; fue al Liceu en Évora, estudió Derecho en la Universidade de Lisboa, fue profesora y traductora del francés para sobrevivir; se casó tres veces, se divorció dos, publicó libros de sonetos y colaboró en revistas y periódicos de Lisboa, Évora, Oporto, Coímbra… casi todos ellos lugares donde vivió. Nunca se quedó demasiado tiempo en el mismo sitio, fue reconocida por su obra, a la vez que repudiada por su padre por su inestabilidad matrimonial. Perdió a su madre biológica a los trece años y a su madre legal a los treinta; a su hermano, el gran apoyo de su vida, lo perdió antes de cumplir los treinta y tres años. Y esa fue la gran tragedia, la que la convirtió en la viuda, la tenebrosa, la desdichada, la inconsolable, la Princesa de Aquitania en su torre abatida.

Tres años fueron los que soportó *su mal*, hasta que la madrugada del 8 de diciembre de 1930, en la víspera de la publicación de su poemario más maduro, *Charneca en Flor*, dejó entrar a la muerte, a la que tanto había cantado, con una sobredosis de Veronal, medicamento que tomaba para el insomnio y los síntomas del compás de su vida que fue la neurastenia. Florbela murió pálida, muy pálida y delgada, como ya era, dejando entrar a la lividez para trasformar su cuerpo en un enjambre de manchas violáceas. Y se convirtió en el instante mismo de la primavera: en eterna charneca en flor.

El título de esta aproximación a la vida y la obra de Florbela lo da una frase extraída de una carta que envía a Guido Battelli en 1930, cuando agotada por la fiebre, la fatiga y el insomnio expresa su sentimiento de aislamiento, que no es sólo físico, sino, y, sobre todo, existencial: *sou uma inválida, uma exiliada da vida.*

Florbela en 1930, fotografía para Guido Battelli

Flor Bela d'Alma da Conceição Lobo nació en Vila Viçosa, en la cuenca del Alentejo portugués, el día 8 de diciembre de 1894 y puso fin a su vida el 8 de diciembre de 1930, hace casi cien años. Nació con el sol en Sagitario, que en astrología simboliza al hombre completo: animal espiritual y digno de lo divino, constituyendo un nexo entre el Cielo y la Tierra, tensión que se simboliza por el arco,[2] lo que también se asocia a los poetas. Nació en la Rua de Angerino de la casa familiar de Vila Viçosa, en una cuna de palosanto trabajado del siglo XVIII[3] que su padre João Maria Espanca había conseguido como anticuario y comerciante de *bricabraque.*

Florbela fue fruto de la relación extramatrimonial consentida, una suerte de vientre de alquiler de la época, siendo su madre biológica Antónia da Conceição Lobo, una joven de quince años que dio hijos al matrimonio Espanca, y su madre legal o madrina Mariana do Carmo Toscano (1864-1925), apodada la "Inglesa" por su cabello rubio poco habitual en la zona, heredado de sus antepasados italianos. Nació como hija biológica de Antónia Lobo y "padre desconocido", según la partida de nacimiento de la parroquia de Nossa Senhora da Conceiçao de Vila Viçosa, donde fue registrada el día 13 de enero de 1895 y bautizada el 20 de junio del mismo año por el prior António Joaquim da

Rocha Espanca con nombre de bautismo Flor Bela de Alma da Conceição Espanca.

Vila Viçosa es un pueblo de calles estrechas, presidido por la aridez de la charneca, marmóreo, por las canteras que se encuentran en sus proximidades, tal vez por eso el carácter marmóreo de los Espanca. Situado en el Alentejo, "en el allende del Tejo", esta zona está custodiada por los olivos, símbolo de la paz, consagrado a Júpiter y Minerva por los romanos.[4] Es quizás por este árbol y el mármol que Vila Viçosa tenga ese hálito romano, y que parezca mediterránea a pesar de que su pueblo es eminentemente atlántico. Vila Viçosa es un Sitio Real, donde casonas y palacetes rodean el Palacio de los Duques de Bragança y su fachada de mármol rosa.

Es un pueblo castizo, que rinde culto a los reyes Amelia y Carlos de Portugal en el momento en el que el país concentra sus esfuerzos en política exterior en el dominado el "mapa de cor-de-rosa" de presión y dominio sobre las colonias. En esta tierra el pueblo se volcaba en servir a los nobles, lo que hace que sea una rareza que la familia Espanca mostrara tal interés por las letras y de Florbela misma una excepción. Y también Apeles, quien se dedicó al dibujo y la pintura como afición, habiendo quedado multitud de retratos de Florbela realizados por su hermano.

Lo más probable es que Florbela aprendiera a leer en los edificios conventuales del Convento de Santa Cruz, un convento de monjas regido por extensión de Évora y situado en la rua da Corredoura, ya que estos funcionaron como escuelas públicas.[5] En el poema *Minha terra*, dedicado a José Emídio Amaro, mediador en la edición de *Charneca en flor* (1931), en el que se recoge el poema, y con quien mantuvo una correspondencia a propósito del libro entre aproximadamente 1927 y 1930,[6] Florbela habla de su tierra. Y el centro de esa tierra es la llanura alentejana, pero, sobre todo, su hermano: *Minha terra onde meu irmão nasceu... / adonde a mãe que eu tive e que morreu / foi moça e loira, amou e foi amada!*

Los celtas fueron los primeros habitantes del Alentejo y una variación de ellos fueron los belos, que eran los Celtíberos de olor fenicio;[7] de modo que, en su nombre, Bela, está inscrita también la historia del Alentejo. Flor Bela: flor celtíbera. Quizás por eso el carácter solar de Florbela.

Florbela nace en el seno de una familia culta, no exactamente rica, pero lo suficientemente pudiente como para mantener a los hijos y darles una buena educación. Su padre, João Maria Espanca nació el 1 de febrero de 1866, en Vila Viçosa, hijo de José Maria Espanca, de treinta y seis años y Joana Fortunata Pires, de treinta y cinco. Venía de una familia de zapateros, como el escritor romántico Almeida Garrett, que tenía un abuelo zapatero. De modo que Florbela proviene de una estirpe de zapateros, oficio humilde que Hölderlin equipara a la poesía, aunque esta no sea un oficio, sino una vocación. Por parte de madre, sus abuelos fueron Manuel Pires y Mariana Rosa, naturales de la provincia de Beira. De Joana, la abuela paterna de Florbela, parece haber heredado el rostro redondo de ojos glaucos y llenos de *mágoa*.

João era un anticuario, comerciante de cuero profesional de *bricabraque* y fotógrafo diletante; también se ganó la vida con la proyección de películas, siendo uno de los introductores del Vitascopio de Edison en Portugal. Afortunado en el amor, por desgracia para Florbela, que llamó madre a tres mujeres. Su primer matrimonio fue en 1887, con Mariana do Carmo Toscano, cuando ella tenía veintitrés años, de la que se divorciará en 1921 para casarse, unos años más tarde, con Henriqueta de Almeida. Y fue Henriqueta quien finalmente acabó heredando los derechos de la obra de Florbela por ser la última en morir de toda la familia. João fue un hombre particular, republicano, mientras que los de Vila Viçosa fueron siempre monárquicos y absolutistas. Viajó por España, era un hombre de cierto mundo, con dinero y, de hecho, el dinero del padre permitió a Florbela un pensionado en Évora mientras estudiaba. Murió precisamente en Évora, en verano, el 4 de julio de 1954, a los ochenta y ocho años.

La infertilidad de Mariana le empuja a buscar un vientre que fecundar, y lo consigue, con su consentimiento, en

Antónia da Conceição Lobo, una sirvienta adolescente con la que tiene a Florbela, primero y a su hermano Apeles, después, muriendo ni tan siquiera alcanzando los 30 años, edad que tenía Mariana cuando Florbela fue concebida. Florbela es, pues, fruto de una suerte de adulterio consentido, pero no carga consigo su nacimiento como una infamia ni como un trauma de la infancia.[8] Aunque existe una tendencia a fijarse en la cuestión del adulterio, lo que no se ha acentuado tanto es la cuestión de la edad: aquel vientre tenía quince primaveras cuando dio a luz a Florbela. Antónia vivía en la Rua de Évora, se había criado de la caridad oficial y cuando creció fue a servir a la casa de Diogo Borba, jefe de la estación de Correos, en la Rua da Corredoura, nº 45. En el nº 59 de la misma calle vivía João Maria Espanca.[9] Antónia y Mariana fueron "victimas efímeras" del padre, mujeres del estilo de mujer que sacrifica su vida por ofrecer a sus hijos un futuro mejor. Antónia amamantó a Florbela en la casa de Rua da Corredoura, recibiendo a João en el lecho en la Rua Angerino, donde daría a luz a Florbela: *é uma menina, é uma flor.*[10]

Antónia Lobo muere en 1908, en el Hospital da Misericórdia de Vila Viçosa, después de algunos años de vida triste, a los veintinueve años, cuando Bela cuenta sólo con trece. Florbela ofrece la síntesis de su paso por la vida: *amou e foi amada*, que es, ciertamente, todo cuando verdaderamente puede tener un ser humano. Aunque no se sabe con seguridad la causa de la muerte de Antónia, se cree que fue por culpa de la entonces denominada neurosis, pero, dado que esta patología psíquica se diagnosticaba a menudo en la época, podemos considerar que la causa de muerte es desconocida. En los poemas próximos a su muerte, que son una suerte de lamento o *De profundis*, Florbela maldice su nacimiento –*Ó Mãe! Ó minha Mãe, para que naceste?*–, como una hija del Sileno que supo desde el nacimiento que el único sentido y destino de la vida era la muerte; una gnóstica radical que prefiere la muerte porque se sabe exiliada de la vida y desheredada del mundo: *Deixai entrar a Morte, a Iluminada,/ A que vem pra mim, pra me levar [...] / Que sou eu neste mundo? A deserdada.*[11]

Mariana acepta a Florbela *como se nossa filha fosse*; no le importó que, por salvar las apariencias João tuviera hijos con Antónia Lobo. Es una mujer con moral de la época, a la que preocupaba más el vestir con opulencia, mostrar que vivía por encima de sus posibilidades, que había conseguido un buen marido y que tenía la familia que se esperaba, a pesar de que la verdad tuviera vértices mucho más oscuros y extravagantes. En 1921 Mariana pide el divorcio por adulterio, que se hace oficial el 9 de noviembre. Muere por enfermedad, a finales de 1925. El 27 de diciembre Florbela escribe a su padre una carta a propósito de la muerte de su madrina en la que dice de ella:

Se ha ido la pobre Mariana; aunque era de esperar, su muerte me impresionó mucho; me veo como una niña a su lado, a pesar de su carácter absurdo y de ciertas inconsciencias, era una buena amiga mía (...) no tengo nada que me diese, y sin embargo pasó su vida dándome lo que tenía (…).[12]

Florbela es una *menina de seu pai*, a la que todo consiente a pesar de contrariar su voluntad, pero a la que acaba dejando de lado al morir, al no reconocer su suicidio. Los códigos morales de la época seguían funcionando, a pesar de todo, y un adulterio no reconocido no caía sobre él, mientras que el suicidio de una hija era un estigma que le acompañaría hasta la muerte. Florbela portará en su rostro la culpa que se vuelve contra João cada vez que la mira, al parecerse más que ninguno a su madre biológica. Pero sobre Florbela pesará también esa insatisfacción connatural de tener sólo a su padre como apoyo frente a la volatilidad de sus madres y de sus maridos.

Las fotografías de infancia de Florbela revelan un temperamento melancólico, de una melancolía originaria. Se han conservado bastantes retratos de ella y de la familia Espanca, que existen gracias a la afición de João a la fotografía. En la que aparece con su padre y Apeles, vemos cómo ambos miran a la cámara, mientras ella permanece con una mirada enajenada. En la fotografía en la que aparece también Mariana Toscano vemos a una niña atormentada, presa de una nostalgia casi congénita; portadora en las venas de la *saudade* más salvaje y del peso sobre sus hombros tiernos del sol negro de la melancolía.

Alterada, frágil, melancólica, trágica, oscura a la par que llena de luz. Para Florbela los poetas son los seres luminosos: *Las almas de las poetisas son todas hechas con luz, como las de los astros: no ofuscan, iluminan* dicta el párrafo final de su cuento Al margen de un soneto, del libro *El dominó negro.*[13] Mujer introvertida, discreta, de sensibilidad exacerbada, con un carácter humano desmesurado que hace que sienta empatía por los animales y por todo lo que la rodea: *La mirada de un animal me conmueve más profundamente que una mirada humana, hay allí dentro un alma que quiere hablar y no puede, princesa encantada por algún hada malvada*, escribe el 22 de febrero de 1930 en su *Diario.*[14]

En el plano de las emociones es extrovertida y por todo se empapa y en todo se implica, no por razón, sino por voluntad ciega y absoluta. Por eso sufre, porque en ella cabe el dolor de todas las personas. Su sensibilidad es colectiva y sufre por todos: ella, como Whitman (y después Dylan), también contiene multitudes, porque los poetas siempre contienen multitudes y hablan por todas ellas, pero su forma de hablar de la multitud o desde la multitud es el dolor.

La vida de Florbela es una selva melancólica de locura, pero los locos son los más cuerdos o, al menos, son los que tienen los sueños más bellos, que diría Baudelaire. Ella misma diría el día 3 de febrero en el *Diario del último año* que *ser loco es la única forma de poseer, y la manera de ser algo firme en este mundo*. En este diario también deja una imagen interior de lo que fue o creyó ser:

> *Vivir no es parar: es renacer continuamente. Las cenizas no calientan. Las aguas estancadas huelen mal. ¡Bela! ¡Bela! ¡No merece la pena recordar el pasado! Lo que tú fuiste sólo tú lo sabes: una chiquilla valiente, siempre sincera consigo misma.* (...) *Honesta sin prejuicios, amorosa sin lujuria, casta sin formalidades, recta sin principios y siempre viva, exultantemente viva, milagrosamente viva, palpitando de savia caliente como las flores salvajes de tu bárbaro erial* (12 de enero de 1930).

En su biografía de Florbela, Agustina Bessa-Luís hace una descripción psíquica profunda tratando de describir la "naturaleza" o carácter de Bela. La describe con naturaleza nerviosa, excitable y excitada, pero no agitada. La describe como poseedora de una "moralidad original", que es una suerte de virginidad infinita, la del poeta, que recibe todo con ojos de asombro, la mirada del niño posándose en cada movimiento de una mariposa. La pureza que se busca en las sábanas blancas que se manchan al poseer a una nínfula no es sino una deformación, un traslado al ámbito de lo físico de la búsqueda de esa pureza moral, de una moralidad que se eleva y retorna a su origen. Se confunde la pureza espiritual con la virginidad; el color es siempre el blanco, como alter ego blanco del cuento de la poetisa de *El dominó negro*, donde una primera novela, *Alma blanca*, hace parecer a la "poetisa" ante los ojos del hombre como inmaculada, ingenua, de inmaterial belleza, virginal y sonriente. En este cuento, la protagonista parece representar los distintos arquetipos de mujer a través de las novelas que escribe la "poetisa" protagonista: *Alma blanca* representa a la mujer pura, a la ninfa virgen, a Diana, mientras que en *Flor de Lujo*, predomina el rojo, siendo la poetisa una "ardiente y sensual, roja flor de pasión, enloqueciendo hombres, perdiendo honras, destruyendo hogares, cortesana gananciosa de vicios, toda manchada de impurezas",[15] es decir, el arquetipo de la prostituta o Lilith.

En lo relativo a los asuntos políticos nunca estuvo de acuerdo con su padre, en una carta del 27 de diciembre de 1925 insiste: *no me canso de decirlo: que le parta un rayo a la política.* El mundo interior y afectivo le interesa más que la política. Prefiere el sueño a la realidad, y, de hecho, su realidad consiste en un juego constante de desplazamientos entre aquello que es real y lo que es sueño, entre su vida y lo que escribe. Ella es una poeta, es decir, que su vida es su obra y su obra es su vida –ya sabemos que los poetas no tienen biografía–. Su obra es una gran metáfora de su vida, esto es, un gran movimiento de desplazamientos donde la frontera entre la realidad y la ensoñación se deshacen. La obra, cuando es, en realidad siempre es eso: un desdibujarse de los límites de la vida y lo que permite aferrarse a la existencia, como un mástil. Se vive para la obra y la obra es fruto de la vida: se crea para vivir, no como modo de supervivencia económica, sino como la vía única e irrenunciable de soportar la existencia. Eso es: los poetas soportan la existencia con la obra y su obra es su existencia misma.

A pesar de todo, su ideal es la realidad, no es una romántica que renuncia a su vida; afirma su obra por encima de todo, pero cumple con todo aquello que ha de cumplir una mujer. Va a la escuela en Évora, va a la Universidad de Lisboa a estudiar Derecho; entretanto, se casa con diecinueve años para emanciparse, porque el matrimonio era una realidad que no se podía esquivar, y ella no la esquiva. Por eso no es una romántica, es una poeta aferrada a la realidad, a pesar de que su espíritu es trágico y romántico, con una elegancia clásica que debieron contagiarle los restos romanos de Évora.

¿Y qué realidad hay más radical que el cuerpo? Florbela es una poeta del cuerpo, además de una poeta del alma. Su vida y obra se rigen por sus tensiones psíquicas, la neurastenia, la hipocondría de cargar con dos madres neuróticas y muertas; el cuerpo muerto de la madre biológica a sus trece años y también dos abortos. El cuerpo rige su obra. La delgadez que la acompleja y que la llena de felicidad cuando encuentra "meninas flacas como eu". La realidad es su ideal y se preocupa por los lujos, por vestir bien, por su apariencia; la protección del cuerpo y del sí mismo la sume en un profundo narcisismo. Su cuerpo no es un templo, es una barrera frente al mundo de la que es muy consciente: es la torre del silencio donde su interior habla y se despliega.

José Régio y Agustina Bessa-Luís se aproximan al carácter de Florbela a través de algunos rasgos que no puedo evitar parafrasear y ampliar en honor a su trabajo: *narcisismo, donjuanismo, hermafroditismo psicológico*... términos de los que parto para ofrecer otro ángulo y otros que vértices de su intento de radiografía psíquica.

Florbela es narcisista y su narcisismo se explica por su masculinidad, o quizás su masculinidad por su narcisismo. No vive para otro, de ahí que su posición sea la masculina, a pesar de ser una mujer muy femenina, con un comportamiento de rol de mujer de la época, con una escritura femenina y con temas muy femeninos (la necesidad de definirse y la consolidación del yo como sujeto lírico, por ejemplo) que pasan por el cuerpo (biología) y por el rol (cultura). Pero a nivel polar, en el carácter (masculino/femenino) tiene un equilibrio muy atípico para la época, algo que hace que a menudo sea considerada masculina. Es el mismo tipo de equilibrio psíquico y polar que se da en Lou Andreas-Salomé. Florbela se sabe mujer, pero su psique tiene una tendencia masculina inmensa, bien sea porque la ausencia de una seguridad por la vía materna la empuja a lo masculino, bien sea porque el peso de su padre y de su hermano la han educado y modificado la inclinación polar hacia lo masculino. Lo más probable es que sean ambas.

La imagen insuficiente de la madre le produce una permanente evasión de la realidad, lo que propicia, sin ninguna duda, un desenvolvimiento anormal del ego. En Apeles, esta ausencia de la madre se traduce en un rasgo competitivo intenso que le hace llegar a ser un buen cargo del Ejército de Marina y morir por ello. En Bela, la ausencia de la madre la empuja a refugiarse en su hermano y en sus amantes, más que en su padre, y en la poesía, como compás vibrante y agónico de su existencia dolorosa. Su agotadora neurosis del abandono debido a la madre la empuja a querer huir de todas las situaciones de la vida. Hay algo en ella que quiere asentarse y de ahí que se case y trate de cumplir con todas las exigencias que una mujer de su tiempo debía cumplir, pero algo en ella la precipita a la destrucción, al deseo, al ceder a las pasiones. Incluso la poesía misma es una respuesta narcisista a esas pasiones; se evade en la poesía, pues le permite estar con ella misma y contemplarse. La poesía la mira como una madre, de ahí la constante aparición del yo y la reflexión biográfica. Aunque asuma la realidad, la asume sin tener en cuenta a los otros, no del todo. Como mujer casada, el papel que asume es de desentendimiento y evasión; se refugia en la poesía. Su compromiso no es el de una sumisa, más bien, el de una hija que sabe el destino de las mujeres casadas por el trauma que le ha causado su padre.

Florbela tiene una sensibilidad estética que tiende a la abstracción, lo que es de tipo masculino, mientras que lo femenino es la realidad concreta, pues viene determinada por su realidad biológica, tiende a la concentración y lo masculino a la especialización.[16] En el modo en que Bela se aproxima al objeto alcanza una síntesis entre la abstracción y lo concreto, entre lo racional y lo intuitivo, entre lo solar y lo lunar. La abstracción es masculina porque es el principio racional y solar, mientras que lo femenino es intuitivo y lunar. Florbela es lunar y es poeta y, en parte, todos los poetas son lunares y ahí que los poetas tengan un componente femenino fuerte, como Rilke. Pero Bela es también solar, quizás porque es un equilibrio que arrastra en la savia de sus raíces celtas. La abstracción se aprecia en sus poesías, de modo que el obedecer a las propias pasiones se considera o se confunde con un disfrute de la realidad, lo que es de tipo masculino.

Régio y Bessa-Luís hablan de un hermafroditismo psicológico, un hermafroditismo que es resultado de un conflicto edípico: tiene el carácter del padre, irascible y repentino. Su única salvación es la Poesía, la Literatura; ella puede y quiere entregarse a ser amante, esposa, incluso madre, y la frustración por los abortos es algo que no niega. Pero su espíritu es llamado a otra cosa y sólo mediante la atencion a esa llamada puede sentirse verdaderamente ajustada al mundo. Régio, para describir a Bela, emplea el término insaciabilidad: insaciabilidad psíquica, insaciabilidad poética, insaciabilidad vital. Insaciabilidad. También, la inefabilidad "por el que se acaba por sacrificar la vida" y la impasibilidad propia de los poetas.

El donjuanismo de Florbela proviene del padre; igual que João tiene tres mujeres, ella tiene tres maridos. El comportamiento de João, que carga en su conciencia puritana, se compensa con un moralismo intransigente aplicado a su hija: no acepta sus matrimonios y no la reconoce cuando se suicida. Este "donjuanismo" de Florbela se traduce en un interés intelectual, de aspirar a gloria y renombre. La voluntad de insumisión se traduce en una incapacidad de amar a un solo hombre; de limitarse a un hombre que acabe haciendo de ella lo que hizo su padre con Mariana Toscano.

En el carácter de Florbela hay una necesidad de huida, que se hace evidente a través de los sucesivos matrimonios, como una materialización agónica de la negación de lo estático; la constante búsqueda, la incapacidad de cerrar y decir sí, una errancia casi giróvaga, que niega el cese y restaura el principio, a pesar de que, o sobre todo porque de ese modo todo permanece vivo, en movimiento, como el agua viva de la poesía misma. Un desapego propio de la filosofía oriental, aunque inconsciente: "lo que Régio llama complejo de maternidad no es otra cosa sino esa participación mística" afirma Bessa-Luís.[17]

Hay una tendencia general a encontrar en el comportamiento de Florbela cuestiones que atañen al complejo de maternidad y patologías y dolencias del sistema nervioso, como la neurastenia o la histeria. Del mismo modo, se achaca la creación y el malestar al trauma; los problemas con lo masculino al comportamiento de la figura paterna y los problemas con lo femenino –o su necesidad de ser masculina– a la ausencia de una figura materna estable.

Apeles, João y Florbela Espanca

Los poetas no tienen biografía y no se puede hablar de un poeta más que a través de su poesía. Una poeta, cuando escribe, se esconde siempre a sí misma. O más que esconderse, se vela mediante un pacto con Maya. La poesía es un yo velado, aunque Florbela se deja ver a menudo, pues no teme ser vista, y, a pesar de ello, se esconde, o más que esconderse, finge. *El poeta es un fingidor* y los versos son deformaciones de un yo bipolar que lucha entre la necesidad narcisista de mostrarse y una sensibilidad temerosa de exposición que le hace desviar los mensajes. Metáfora significa en griego movimiento, mudanza; la poesía es eso, no sólo metáfora, pero sí a menudo un movimiento entre el Yo real y el Yo sublimado. Y la sublimación es la síntesis, acuerdo entre Apolo y Dioniso que permite que se engendre el pacto. La sublimación en el psicoanálisis es una respuesta del artista por no devenir neurótico, una vía para alambicar las pulsiones, destilar la vida y la psique.

Llamamos pulsión al impulso psíquico propio de una excitación interna. Esta excitación interna puede tener sólo como vía su sublimación en la poesía. Esta excitación interna es *un fuego en mí*, una voluntad de *condensar el mundo en un solo grito*, de tener *hambre y sed de infinito*, dicta el poema *Ser poeta* de *Charneca en Flor* (1931):

É ter fome, é ter sede de Infinito!
Por elmo, as manhãs de oiro e de cetim...
É condensar o mundo num só grito!

E é amar-te, assim, perdidamente...
É seres alma, e sangue, e vida em mim
E dizê-lo cantando a toda a gente![18]

Es cierto que la obra de los poetas es su biografía y que lo que sabemos de Florbela lo sabemos por sus poemas, pero sus poemas engañan, ella es *una fingidora*. El poeta es siempre un fingidor, y *finge tan completamente que hasta finge que es dolor, el dolor que en verdad siente*. Y ella entera es dolor –*minha dor é um convento*– y finge en el color de sus ojos, finge su nombre, finge su voz. Su poesía es también un espejo deformado de su personalidad contradictoria; y quizás la única verdad es, precisamente, el dolor, el dolor que se esconde bajo múltiples caras de realidad deformada.

Américo Durão, amigo íntimo de Bela, afirmaba que su verdad estaba siempre enmascarada –*A tua verdade anda sempre mascarada…*–. Pero ese enmascaramiento es sólo un escudo de protección, Florbela ama la Verdad y por eso la oculta en un laberinto de máscaras, y, consecuentemente, odia la mentira: *Siento por la mentira un horror casi físico. La siento a distancia y ahora… en este mismo momento… la siento vagar, asquerosa y sucia, alrededor de mi alma, que vibra en el orgullo de ser pura* (...), escribe el día 6 de septiembre de 1930 en su diario.

A veces lo verdadero no coincide con lo aparentemente real, y es precisamente mediante esa deformación de la realidad que la verdad se revela. Sucede con los heterónimos de Pessoa, precursor del surrealismo, y sucede en el surrealismo mismo, donde a menudo se da la misma confusión entre la realidad y el sueño que en *Aurélia* (subtitulado *O el Sueño y la Vida*) de Nerval. El poeta se encuentra entre la realidad y el sueño, entre dos estados que se funden y confunden; y así lo describe Florbela el 23 de febrero de 1930 en su diario: *La vida tiene la incoherencia de un sueño. ¿Y quién sabe si realmente no estaremos durmiendo y soñando, y acabaremos por despertar un día? ¿Será a ese despertar a lo que los católicos llaman Dios?*

António Nobre anticipó el conflicto del yo que despunta en la generación de Florbela: *vaidade, meu amor, tudo vaidade!*, dictan unos versos de *Só*. Hay una suerte de deformación del ego que se da en varios autores de las letras portuguesas y que está, además de en los heterónimos de Pessoa, en la relación trágica, agónica y ultrarromántica con el sí mismo de Mário de Sá-Carneiro y está en la obsesión con el yo de Florbela.

Su relación con el yo es a menudo autocompasiva; su relación con el mundo se desarrolla a través de la Literatura como un "anti-mundo protector" (Bessa-Luís). Todas sus conductas son trasladadas a la abstracción, lo que, de nuevo, es netamente masculino. Escribe versos como medio de aprehensión del mundo, como medio para dar cauce una voluntad natural de expresión de un grito silencioso que nace de una profundidad tan triste que no encuentra forma para darse a luz a sí misma. Su acto poético es, al menos en lo esencial, primitivo, pues escribe versos como se pintaban los caracteres rupestres, aunque el contenido de sus poemas cuenta con un refinamiento que busca el crisol en cada una de las palabras: *Ser poeta é ser mais alto, é ser maior / Do que os homens! Morder como quem beija!*

La descripción de sí misma, la constante autorreferencialidad en su poesía; la búsqueda o pregunta por el yo, el solipsismo o la sublimación del narcisismo es una constante, y aparece en su primer libro de poemas, como en el soneto Eu, del *Livro de Mágoas* (1919). El yo está presente como *leitmotiv* en toda su poesía, directa e indirectamente, y se repite en otro poema publicado en *Charneca en flor*.

Además de los poemas directamente titulados "Yo", hay otros en los que se muestra el sí mismo en distintas facetas, como en el poema *Mi piedad*, también de *Charneca en flor*. En este poema se muestra el miedo a "haber vivido y no haber sido yo", miedo de no encontrarse tras las máscaras que ella misma se impone por el miedo al Destino. Ser poeta es tener miedo a la exposición, y sin embargo hacerlo de forma exacerbada en los poemas como vía para aliviar el dolor de estar en el mundo. En el caso de Florbela, la poesía es un campo de batalla para la afirmación del sí mismo, de su subjetividad como poeta; es el terreno para la purificación de su persona, dejando de ser Florbela para ser sólo la voz de la Poeta, reduciéndose así a lo esencial en su Reino de Sueño y de dolor.

Florbela dice sí a la suspensión en el vacío para aproximarse a la Verdad de la existencia, una existencia que pesa y se cierne sobre ella y la tumba y la crucifica. Para los demás, ella anda perdida, no tiene norte, aunque sabe que el Sueño vive en ella y que no es una fantasía, sino una mirada más profunda del Ser.

Sou a irmã do Sonho, e desta sorte
Sou a crucificada... a dolorida.
Sombra de névoa ténue e esvaecida
E que o destino amargo, triste e forte
Impele brutalmente para a morte!
Alma de luto sempre incomprendida!... [19]

Hay en su poesía algo muy whitmaniano, quizás es el panteísmo que resuena a Emerson y que también está en Pessoa y en el saudosismo de Teixeira de Pascoaes; una búsqueda de Dios en la Naturaleza que a menudo se convierte en su identificación. Hay también una suerte de dejes nietzscheanos, a pesar de que se sabe –lo sabemos por María Tecla Portela Carreiro– que no leyó a los filósofos como lo hicieron los contemporáneos o las generaciones anteriores en Portugal; pienso en la lectura de Schopenhauer del grupo de los *Vencidos da Vid*a, al que perteneció Eça de Queiroz, o a la lectura de Nietzsche que hace Pessoa. Bessa-Luís dice de ella que no es una poeta romántica, porque sus problemas son reales y lógicos, pero inevitablemente la saudade tiene algo del Romanticismo.

Florbela nació, se casó y murió un día ocho. Es más que obvio que eso no es casualidad. Las personas con cierta sensibilidad o mundo interior tienen una tendencia a encontrar patrones o a crearlos, dar un orden, como el poeta, dice Whitman, da nombres a las cosas. El poeta también da orden a las cosas, como Apolo a la fuerza dionisíaca. Que naciera un día ocho, número de lo infinito, no dependió de ella; que se casara por primera vez un día ocho quizás fue una cuestión de precipitación, haciéndolo lo antes posible tras conseguir la emancipación paterna, pero es un error romper los patrones y sincronicidades que se dan en la vida de una poeta, ya que eso implica romper también con los lazos entre el micro y el macrocosmos que conceden y sostienen el sentido poético y mágico de la vida.

Los poetas no tienen biografía, recordemos, su vida es su obra y sus actos son también manifestaciones de voluntad poética, del sentido de su existencia dentro del cosmos. No cabe duda de que el hecho de que muriera en día ocho es intencional. Murió el día de su cumpleaños, como si buscara revertir un error cósmico en su nacimiento, como una venganza personal unida a su deseo de no ser. Y así lo hizo, cerrando el ciclo de su existencia, como un *ouroboros*; afirmando la muerte el día de su cumpleaños, negando el acto de nacer el día destinado a la celebración ritual; afirmando la muerte el día que se celebra la vida. Florbela se entregó a la muerte que tanto había buscado. Lo hizo de forma suave, con una sobredosis de Veronal. Murió aún más pálida de lo que ya era.

Florbela está marcada por la decepción desde el nacimiento, como una pérdida de la inocencia prematura. Y existe en ella una ansiedad materna, aunque es un error tratar de entender la vida interior por los acontecimientos exteriores, igual que lo es reducir la vida y la obra a movimientos y metáforas de la libido. Pero es cierto que la energía es una cuestión fundamental. A Florbela la poesía le consume todas las fuerzas. El que asiste al parto creador, o al parto que también es la enunciación o síntesis del pensamiento sabe el desgaste que eso supone. Es un desgaste drástico, existencial, de aquel que pone todo su ser en un ejercicio que apenas es visible para otros. El cuerpo y el pensamiento son uno, y la actividad metabólica se altera cuando la vida interior es agitada. La poesía consume todas sus fuerzas y todos los demás ámbitos de la vida se vuelven borrosos.

Su cansancio se expresa, de nuevo, en la conciencia de sí, y se expresa en la vejez del alma. Florbela se consideró vieja desde que tuvo conciencia. Aquella que con treinta y seis años se entregó a la muerte, se consideraba a sí misma una vieja a los veintitrés. Esto se aprecia en sus poemas y en sus cartas como en *La peor vejez*, incluido en el *Livro de Mágoas*, publicado en 1919, antes de cumplir los veinticinco años:

Sou velha e triste. Nunca o alvorecer
Dum riso são andou na minha boca!
Gritando que me acudam... em voz rouca,
Eu, náufraga da Vida, ando a morrer (…)
Tenho a pior velhice, a que é mais triste,
Aquela onde nem sequer existe
Lembrança de ter sido nova... outrora...[20]

Hay una suerte de ontología melancólica enraizada en la mirada portuguesa. Un gnosticismo sanguíneo que pervive en las variaciones y generaciones de escritores y poetas; un deseo de agotarse para encontrar la Verdad y el alivio de una amarga existencia: *Quem me dera voltar à inocência / Das coisas brutas, sãs, inanimadas, / Despir o vão orgulho, a incoerência: / - Mantos rotos de estátuas mutiladas!*[21]

Cabe preguntarse qué papel jugo la literatura española en la obra de Florbela, y no sólo por escribir esto en español, sino porque 1) los portugueses son más amables a lo español y a lo ibérico; 2) Florbela nació en un pueblo que está más cerca de Badajoz que de Lisboa; 3) en la obra de Florbela se hacen constantes alusiones a España, como en su verso-homenaje al Siglo de Oro español y a Góngora: *en polvo, en sombra, en nada* (*Amar*, 1931) o su poema a Toledo: *Diluído numa taça de ouro a arder/ Toledo é um rubi. E hoje é só nosso!* (*Toledo*, 1931).

En concreto, cabe preguntarse qué papel jugó la mística, sobre todo por vía de Santa Teresa de Ávila. En el poema [...] sin nombre, pues de lo que habla no se puede nombrar, dirá: "*¿Quién me creó? ...? / (...) / ¿Quién a Santa Teresa embclesada?*" (...), 1931). Hay destellos casi místicos en la poesía de Florbela, y no sólo en los poemas donde habla de la noche oscura (*Silencio*, 1931) de San Juan de la Cruz, ni en los que la noche se vuelve, como en el *Cantar de los cantares*, el lugar de los amantes. Me refiero, sobre todo, a los poemas en los que busca y ansía a Dios. En el poema *¿Quién sabe?* dice: "quiero buscar a dios, lo busco tanto". Tiene "ansia de eternidad", deseo de eternidad: *Quem sabe se este anseio de Eternidade, / A tropeçar na sombra, é a Verdade, / É já a mão de Deus que me acalenta?.*[22]

Hay una constante pregunta por Dios, una duda. Y, a la vez, hay una voluntad gnóstica de no ser, como en el poema

No ser del que hablaba hace un instante. Su mayor esquizofrenia es su forzado nihilismo racional masculinizante, opuesto a su naturaleza místico-poética, puramente intuitiva y femenina.

La Belleza es Verdad y la Verdad es Belleza, dicta el verso de Keats; desde Platón la Verdad y la Belleza van unidas, y la Belleza es una forma de llegar a la Verdad. Pero a veces la Belleza puede ser también un escudo contra la verdad. Florbela es una "ninfa precoz". Todos se enamoran de ella, de la rosa mística. En su adolescencia y juventud Florbela es esa ninfa de la que habla Agustina Bessa-Luís, mientras que a partir del primer matrimonio encontramos a una suerte de Florbela-Diana cazadora que recupera su raíz romana. Y ahí es donde radica la pureza de su alma, en la transformación de la ninfa en Diana, su elevación, lo que la convierte en eternamente virgen, pues la virginidad es la síntesis de la pureza y la elevación del alma es la sublimación real de aquello que se expresa con las sábanas blancas manchadas de sangre. Siempre rojo sobre blanco, como las gotas de sangre sobre la nieve de Perceval.

Florbela hace a la ninfa transformarse en Diana y lo hace a través de una represión erótica. Pero, sobre todo, a través del narcisismo, que es la vía para paliar su culpa, la culpa heredada (la culpa biológica, la culpa femenina, la culpa familiar, la culpa de la madre, la culpa de la muerte de la madre, la culpa de la madrastra y de la muerte de la madrastra, la culpa de la visión de su padre por sus divorcios y sus matrimonios, la culpa de no ser la mujer que se espera que sea.

Bessa-Luís la acusa de "bovarismo", diciendo que este se debe a sus desastres uterinos y pulmonares, y a la neurosis del abandono.[23] Hay un erotismo narcisista y trágico, lo vemos en el poema *Supremo embeleso* (*Charneca en Flor*, 1931), donde los celos se palian por un narcisismo que calma su pulsión sexual. En el poema, los celos se transforman en ensalzamiento del ego, pero también en una suerte de hechizo.

Hay un erotismo fúnebre, maldito, baudelaeriano en su poesía, una línea diminuta que la libera de la pena y es el dolor, el estado entre el terrible dolor y el insufrible gozo que se transforma en el gozo de la muerte: *Talvez um dia entenda o teu mistério... / Quando, inerte, na paz do cemitério, / O meu corpo matar a fome às rosas!*[24]

En el centro, João María Espanca; abajo, Mariana Toscano; a izquierda y derecha, Florbela y Apeles

La familia Espanca se trasladó a Évora en torno a 1905, a una Évora megalítica, marmórea, con un templo romano dedicado a Diana en el centro de la ciudad al que Bela mandará saludos cuando ya no viva allí, en las cartas a su familia de 1912. Se trasladaron a la Rua da Corredoura, que terminaba en un arco romano, motivo por el que quizás Florbela se volvió algo más romana en espíritu, a pesar de su naturaleza celta, dejando así de ser Florbela-Ninfa, la mujer-hada para ser Florbela-Diana.

Évora es el centro social y cultural del Alentejo, también de origen celta inscrito en su nombre –Évora viene de *Eborakon*, que significa "el lugar de los Tejos", el árbol sagrado de los celtas–. La historia en este lugar se superpone en capas visibles, que pasan por el origen de su nombre, las ruinas romanas, el cristiano Convento das Chagas, la Capilla de los Huesos y la ciudad ideal amurallada, la fortaleza de Elvas, a escasos kilómetros de Évora, así como el nombre que parece sugerir que aquel lugar fuera tallado en marfil, como la eboraria. Évora es la síntesis de la convivencia de las naturalezas cristiana y pagana que caracteriza Portugal.

A los catorce años Florbela acude al Liceu de Évora, donde da muestras de tendencia distraída, de poeta. Lee mucho. Siempre aparece acompañada por Alberto Moutinho, al que ya conocía de colegio del profesor Romeu en Vila Viçosa.[25] Con él se trasladará a vivir a otra casa de la Rua da Corredoura, una casa mucho más modesta que la de su padre, con un solo balcón y una ventana.

El matrimonio con Alberto de Jesus Silva Moutinho, de veinte años y amigo de la escuela, tiene lugar el 8 de diciembre de 1913, coincidiendo con el diecinueve cumpleaños de Bela y tras conseguir la emancipación el 28 de noviembre. Se casó en el nº55 de la Rua Gomes Jardim, en Vila Viçosa, freguesía (parroquia) de San Bartolomé. La fotografía de la boda deja un retrato de novia dócil; la inocencia que acompaña a todas las fotografías de Bela parece desprenderse, por una vez, del gesto patético que la identifica.

Alberto no era rico y Florbela, sin embargo, se deslumbraba por el lujo. Esto lo sabemos por Milburges Teixeira, amiga de la infancia de Florbela.[26] En 1915 se instalan en casa de los Espanca por problemas económicos y en 1916 Bela empieza a dar clases en Évora para mantenerse. Este mismo año inicia un cuaderno que se convierte en un proyecto de libro donde reúne sus poemas desde 1915 y que se extenderá hasta 1917, *Trocando Olhares* ("intercambiando miradas"), aunque este no verá la luz en vida y no será hasta 1994 que se publique el libro.[27]

Tras vivir una época en Redondo, en el distrito de Évora, se irán a Lisboa en 1917, donde publicará, al fin, el que fue su primer libro de sonetos, el *Livro de Mágoas*, en 1919.

Florbela está convencida, tal vez por trauma paterno, de que no se puede amar a alguien para siempre: quien dice que se puede amar a alguien toda la vida miente. Y cuando el amor por Moutinho se apaga, escribe un poema que saldrá en su segundo libro de sonetos, el *Livro de Sóror Saudade*, de 1923, el poema *Inconstancia*: *E este amor que assim me vai fugindo / É igual a outro amor que vai surgindo, / Que há-de partir também... nem eu sei quando...*[28]

En efecto, se empeña en creer que no se puede amar a alguien para siempre, como también sucede en el poema *Nuestro mundo*, del mismo poemario. A pesar de su temprano matrimonio, hay en ella lo que Anne Carson denomina en un poema de *La belleza del marido* una voluntad de ser "una novia como flor sin cortar", no una flor que se corta, se seca y se muere. *Quien dice que se puede amar a alguien toda la vida miente.* Ella misma es contradicción. La misma que afirma que no se puede amar a alguien toda la vida, es la misma que quiere y no puede evitar amar intensamente.

Florbela quiere amar, no le preocupa tanto a quien ame, de ahí que el amor en ella esté también marcado por el donjuanismo y narcisismo del que habla Régio. Tampoco puede evitar amar perdidamente, pues el *amor é fogo que arde sem se ver* (Luís de Camões). Y ella quiere amar hasta el final de su vida, a todos y a ninguno… como revelan los versos del poema *Amar* de *Charneca en flor* (1931): *Eu quero amar, amar perdidamente! / Amar só por amar: Aqui... Além... / Mais Este e Aquele, o Outro e toda a gente... / Amar! Amar! E não amar ninguém!*

El 16 de julio de 1930 escribe en su diario: *Hasta hoy, todas mis cartas de amor no son más que la realización de mi necesidad de hacer frases. Si el "Prince Charmant" llegase, ¿qué le diré yo de nuevo, de sincero, de verdaderamente sentido? ¡Tan pobres somos que las mismas palabras nos sirven para expresar la mentira y la verdad!*

Florbela vivió apasionada e intensamente su vida amorosa e hizo de ella su constante fuente de inspiración que vertebran e inundan sus versos. En cierto modo, sus versos nacen de distintos enamoramientos, pero se subliman siempre en la Poesía, porque es ahí donde alcanza el Amor. Ese ideal se vuelve inalcanzable en la vida terrenal, en los hombres. Por eso ella busca al dios, y a través de Dioniso, a Dios.

Florbela visitó varias veces Coímbra. Probablemente allí se encontró con el fantasma de doña Inés, la amada asesinada de Pedro I de Portugal en la Quinta de las lágrimas. Quizás esperando al hombre que la ame después de muerta; al hombre que suba su cadáver al trono y pida que le rindan servidumbre. Ella siempre espera al Dios: *O amor dum homen? – Terra tão pisada, / Gota de chuva ao vento baloiçada... / Um homem! – Quando eu sonho o amor dum deus!*[29]

Estos versos resuenan inevitablemente a aquello que apuntaba Nietzsche en los *Fragmentos póstumos* y que recupera Victoria Cirlot en su estudio sobre la Ariadna abandonada: abandonada por el héroe sueña con el superhéroe, con el dios.30 Florbela es Florbela-Ninfa, Florbela-Diana y, ahora, también Florbela-Ariadna, abandonada en la isla de Naxos esperando a Dioniso. Pero su espera no se debe al abandono de Teseo, sino a su profunda decepción con lo humano que la empuja a la búsqueda del Dios.

Florbela encuentra la belleza en las cosas inacabadas, rotas, mutiladas, incluso si lo mutilado es el amor: *un amor verdadero es siempre grave y triste –um romântico apelo vago e mudo/ Um grande amor é sempre grave e triste*, dicta el poema *Toledo*, de *Charneca em Flor*–.

Y a pesar de querer amar intensa y perdidamente, no pertenece a ninguno *–eu não sou de ninguém!–*, quizás por eso la necesidad de convencerse de no poder amar alguien toda la vida. En el poema *A nadie pertenezco*, editado póstumo en *Reliquiae*, de 1931, dice así: *Eu não sou de ninguém!... Quem me quiser / Há-de ser luz do Sol em tardes quentes;/ Nos olhos de agua clara há-de trazer / As fúlgidas pupilas dos videntes!*[31]

El matrimonio con Moutinho terminó en divorcio el 30 de abril de 1921. Alberto se volvió a casar, sin duda, con una mujer que no hacía versos. Florbela se casa el 29 de junio del mismo año con Guimarães, de veintiséis años (ella tiene veintisiete). A pesar de todo, el amor de Florbela fue sincero, pues, aunque conocía la importancia del dinero, ella nunca se casó sino por amor. Durante su matrimonio con Moutinho tuvo que trabajar de profesora en Évora de francés y otras asignaturas y como traductora del francés, ambos oficios la acompañarían ya el resto de su vida. Esto también hizo evidente que en su obra reluciera un afrancesamiento que ya de por sí impregnaba la época y a todos los nacidos bajo el signo de Queiroz y de Garrett.

María Tecla sitúa en torno a 1915 el inicio de una etapa más vertiginosa en la escritura de Florbela.[32] En este año trabaja en su cuaderno de poemas *Trocando Olhares*, y empieza a colaborar en la revista *Moda y bordados* (suplemento femenino de *O Século* de Lisboa desde 1916), dirigido por Madame Carvalho. Gracias a esta revista conocerá a la que será su amiga, Júlia Alves, subdirectora de la revista, con la que mantendrá una extensa correspondencia y quien le acompañará el resto de su vida, junto con su otra gran amiga Milburges Teixeira.

Es en este mismo año, en 1915, cuando Fernando Pessoa y Mário de Sá-Carneiro fundan en Lisboa la revista *Orpheu*, que sólo contará con dos números publicados ese mismo año y en la que, a pesar de coincidir en tiempo y ciudad, ella nunca publicaría. La revista se extinguió con el suicidio de Sá-Carneiro tras su vuelta a París, donde estudiaba.

En 1917 Florbela se traslada a Lisboa, donde ingresa en la Universidade de Lisboa para cursar Derecho. Allí conoce a un compañero de promoción, el poeta Américo Durão, autor de *Penumbras* (1914), *Vitral da Minha Vida* (1917) y *Tântalo* (1921), del que Florbela dijo en una carta al autor: *do seu livro nasceu o meu*, refiriéndose a la influencia que este tuvo en su *Livro de Sóror Saudade*. De ella, dijo Durão: *eras la raíz y la flor. La noche y la estrella del alba, la primera. La muerte y la vida. Aquella amante púdica y hermana lilial,*[33] testimonio que ha llevado a muchos a pensar que también fueron amantes. En la facultad también conoció a Mário Pires, amigo de Durão y Espanca y colaborador de la revista *A Águia* (*El Águila*), revista que actuó como núcleo de la *Renasceça Portuguesa*.

Durante los años que vivió en Lisboa frecuentó las tertulias y círculos de Elisa Pedrosa, una burguesa amante de la música; también es posible que frecuentara el Café *A brasileira* (fundado en 1905). También es posible que caminara largas horas de noche por la ciudad, que se concentrara para pisar firme y no torcerse los tobillos en el empedrado portugués: la *calçada portuguesa* favorece la concentración. Pasearía por la Catedral, subiría al Chiado, se detendría en Carmo y bajaría caminando recta y triunfal por la Rua Augusta hasta llegar a la Plaça do Comerço donde un gran arco la recibiría para iniciarse en la plaza. Caminaría un poco más, sintiendo en su pecho una apertura después de las calles estrechas: la inmensidad profunda. Se dejaría guiar por el horizonte oceánico, llamada por las columnas que enmarcan los últimos vestigios de civilización, como un amarre del espíritu para no olvidar que no debemos caer al agua; dejarnos arrastrar por el hechizo que nos llama.

Ella quizás se aproximaría al agua y miraría su rostro en las aguas del Tajo, con ese sentimiento siempre de estar elevada, como la *Élévation* de Baudelaire; de estar, siempre, *más allá del otro océano*, como Pessoa. Y sus ojos tristes se apagarían y su sombra se volvería todavía más oscura y su rostro pálido, traslúcido, como las aguas, reflejaría el gris plateado donde las ondas brillantes y doradas se mueven confundiendo el sol el agua y el cielo. Extendería la mano y la colocaría sobre su cuello, como ahogándose y, entonces, una voz le diría:

Fecha os teus olhos bem! Não vejas nada!
Empalidece mais! E, resignada,
Prende os teus braços a uma cruz maior!

Gela ainda a mortalha que te encerra!
Enche a boca de cinzas e de terra,
Ó minha mocidade toda em flor![34]

Florbela se matricula en la Universidad de Lisboa en 1917, tras concluir el séptimo año en el Liceu de Évora el 24 de julio del mismo año. Pasará a vivir allí entonces, coincidiendo con sus contemporáneos literarios, como Pessoa. A Mário de Sá-Carneiro Florbela nunca lo llegó a conocer, a pesar de que compartió con él su devoción secreta, sólo desvelada en la literatura, por Gérard de Nerval. Sá-Carneiro se suicidó en París el 26 de abril de 1916, a los 25 años, en día 26, como Nerval.

Es el año 1918. Han pasado dos primaveras desde el suicidio de Sá-Carneiro y en Zúrich se publica el Primer Manifiesto Dadá, escrito por Tristan Tzara; en España nace el ultraísmo, promovido por Rafael Cansinos Assens siguiendo el creacionismo de Vicente Huidobro, en el que despuntará Guillermo de Torre. Pessoa publica su primer libro de poemas, sus *Antónimos* (*Antinous*, publicado en inglés). Será el año en que se ponga fin a la Gran Guerra y, a nivel interno, se convoquen elecciones parlamentarias en Portugal tras el Golpe de Estado de Sidónio Pais. Ese mismo año Florbela sufrió el primer aborto involuntario, algo que arrastrará toda su vida. Mueren de *saudade* "todos aquellos para los que la belleza es una categoría necesaria, independiente de fenómenos que nos sirven de escudo contra la Verdad".[35]

Florbela es descrita por sus contemporaneos como alta, esquelética, con unos pies enormes. En 1918, con 24 años es una mujer pálida que intenta recuperarse en el Algarve de un mal pulmonar y de su primera crisis depresiva grave.

En verdad, sufre las consecuencias de ese primer aborto que posiblemente se debió producir a causa de su constante y aguda depresión. Alberto la acompaña. La situación económica es muy precaria. Perturbación, emoción exaltada, agotamiento, insomnio, intolerancia alimenticia, turbeculosis encubierta, dolores de cabeza, infecciones, repugnancias físicas y morales… todo anuncia la instalacion de la neurosis.[36] La huella emocional de ese aborto la arrastrará hasta su muerte como una cicatriz, como revela el *Diario del último año*. Así, el día 22 de enero dice: *A veces hago el gesto de quien sujeta un hijo en el regazo. Un hijo, un hijo de carne y hueso, no me interesaría tal vez, ahora… pero le sonrío a éste, que tan sólo amor entre mis brazos…*

La influencia de António Nobre (1867-1900) es evidente en toda su generación. Decadentista, saudosista antes del Saudosismo y autor de *Só* [*Sólo*], que él mismo declaró como "el poema más triste de Portugal". *Só* es su único libro publicado en vida, editado por primera vez en París en 1892 y reditado en Lisboa en 1898. Nobre no se suicidó, sino que murió de tuberculosis a los treinta y dos años en casa de su hermano y dejando sin publicar *Primeiros versos, 1882-1889* (1921) y *Despedidas, 1895-1899* (1902), publicados póstumos por su hermano, Augusto Nobre.

La poesía de Nobre es triste y melancólica; influenciado por Garrett y por el simbolismo francés, Nobre marca una generación: *Quando ele nasceu, todos nós nascemos*, dijo

Pessoa en una revista de Coímbra en la que colaboraba en la época, dando testimonio del peso de Nobre en el modernismo portugués. Y su influencia se deja ver en la poesía y diarios de Florbela. La tristeza de los versos de Bela tiene mucho de *Anto*, como se refiere a él en el poema *Languidez*, del *Livro de Mágoas* (1919), donde habla de las tardes de Portugal que son "tardes de Anto": *Tardes de sueño, tardes de novenas/ Tardes de Portugal, tardes de Anto.* Para Bela, Nobre es también una suerte de regazo materno literario; es el único que "siente como Poeta", como le escribe a su amiga Júlia Alves en una carta:

> *Eu confesso que em materia de versos o único que me faz chorar, o único que para mim é Poeta, é António Nobre. Não é desdenhar o resto, pois sei que temos adoráveis poetas, mas... o Anto é o único que eu sinto, e por isso o único que eu amo....*[37]

1919 es año de insurrecciones monárquicas que terminan en febrero con la victoria del Partido Republicano Portugués. Florbela Espanca publica su primera obra, un libro de sonetos llamado *Livro de Mágoas*, editado en Lisboa por Tipografia Maurício en una tirada de doscientos ejemplares que se agotaron rápidamente. Este mismo año, estando todavía casada con Alberto Moutinho, empieza a vivir con António José Guimarães, alférez de Artillería de la Guardia Republicana. El *Livro de Mágoas* es su libro más triste, o donde concede más peso a la tristeza; son poemas de juventud –si acaso puede establecerse una línea divisoria semejante en una mujer que muere en la treintena– pero sus preocupaciones y temas recurrentes son los mismos que en los poemas más tardíos, aquellos que datan de los años y meses que anteceden a su suicidio. El dolor existencial y físico, el cansancio, la nostalgia, la tristeza, la pena, el sí mismo reflexivo, el destino amargo que no perdona ni un solo día y ahoga la vida, presionando entrañas y venas como un cielo gris que cae plomizo y se pierde en lágrimas. Una flor del sueño que llega *blanquísima*, *divina*, y abre en ella su milagro y le hace preguntarse: *Ó Flor, que em mim nasceste sem abrolhos,/ Que tem que sejam tristes os meus olhos / Se eles são tristes pelo amor de ti?!...*[38]

Un cuerpo que vive consciente de la unidad indisoluble con el espíritu, pero en el que el espíritu pesa, y a ese peso lo llaman neurastenia; su cuadro clínico queda mejor resumido en este poema del *Livro de Mágoas*: *Chuva... tenho tristeza! Mas porquê?! / Vento... tenho saudades! Mas de quê?! / Ó neve que destino triste o nosso!*[39] El tema central del *Livro de Mágoas* es el dolor, el dolor existencial; un dolor que es un convento al que se entra, pero del que no se sale:

A minha Dor é um convento ideal
Cheio de claustros, sombras, arcarias,

Aonde a pedra em convulsões sombrias
Tem linhas dum requinte escultural.[40]

Florbela sabe apreciar la belleza y, por naturaleza, aprecia genuinamente la belleza más radical, pero en todo encuentra una agonía; la belleza le produce el dolor de una flor rota, el amor es siempre grave y triste, y la vida trágica y lúgubre. El 28 de febrero de 1930 escribe en su diario: *Debo tener por alma un diamante o una llamarada y siento en ella la belleza inquietante y misteriosa de las obras incompletas o mutiladas.*

Hay en sus ojos una impronta de la melancolía, un gesto de la estirpe de los melancólicos, y en esos ojos que se abren tenebrosos y tristes como una tormenta nocturna, una *noite de saudade*, de pronto, aparece una sonrisa, porque hay algo en ella que drásticamente la empuja a amar la vida o, al menos, a sostenerla un poco más. Tan sólo un poco más, unos días más, un mes más, un año más. Anhela el dolor y la muerte porque su ritmo y tono es grave y es triste, y también sus versos: *É que, talvez, ó noite, em ti existe / Uma saudade igual à que eu contenho! / Saudade que eu nem sei donde me vem…*[41]

La beauté est douloureuse… la belleza es dolorosa, dicta una cita de Anatole France[42] y Florbela habita, como poeta, en el *Reino de Dolor* (*Ser poeta*), en un dolor que es su convento: *mi dolor no cabe en cien mil versos que hiciera*, llega a decir. Su amiga de la infancia, Milburges Teixeira, dice que Florbela en la intimidad era alguien alegre, feliz, al contrario de lo que se le achaca normalmente; otra amiga, Judite Sanches de Miranda habla de su risa infantil y triste.[43] En algunas fotografías, aunque muy pocas, podemos ver asomar una ligera curvatura en sus comisuras que se armoniza con un leve brillo en sus ojos. Es una voluntad de vida, la misma que la hace querer amar intensamente, la misma que la lleva a presionar la pluma en el papel. Pero esa mirada, donde la niña que nunca ha dejado de ser deja de lado el disfraz adulto, de pronto se deshace, como ondas efímeras en el agua y regresa a ella el *olhar patético* heredado del padre, que vemos también en Apeles y que está en la mayoría de las fotografías que han quedado de ella.

La *mágoa* es una pena del alma, y se revela en el gesto: el *pathos* del dolor. Son las secuelas visibles en el gesto de la tristeza; la lástima y miseria existencial que cala los huesos y se traduce en la expresión facial. El fado es la voz de la *mágoa*, un grito que nace del desgarro vivo del alma. *Mágoa* es un estado interior que se expresa en lo exterior y que, de nuevo, exige una palabra específica que no encuentra traducción al español. *Mágoa*: gritos silenciosos.

Si la *saudade* es la nostalgia originaria que aparece en la existencia, la *mágoa* es el desgarro de vivir aun sabiendo que la existencia está marcada siempre por ese abismo. Y la poesía es la salvación.

En el *Livro de Mágoas*, dice Portela Carreiro, "la mágoa, la tristeza, el desaliento, el deseo de la muerte, la lucha por un algo inalcanzable, de António Nobre vuelven en Florbela a expresarse utilizando algunos recursos que ya encontramos en el poeta":[44] *Os males de Anto toda a gente os sabe! / Os meus…ninguém… A minha Dor não cabe / Nos cem milhões de versos que eu fizera!...*[45]

La *mágoa* permanece en su poesía, también en su segundo libro de sonetos, el *Livro de Sóror Saudade*: *És Aquela que tudo te entistece, / Irrita e amargura, tudo humilha; / Aquela a quem a Mágoa chamou filha;/ A que aos homens e a Deus nada merece.*[46]

Florbela irrumpe sus estudios de Derecho en 1920. Su primer divorcio data del 30 de abril del mismo año. Antes de divorciarse y casarse de nuevo, Florbela se fue a vivir con António José Marques Guimarães, alférez de artillería de la Guardia republicana, con quien contraería matrimonio el 29 de junio de 1921. Inmediatamente después de casarse, la pareja se fue a Oporto, el 12 de julio de 1921, fecha en que Guimarães entra en el servicio de Batalhão nº4. Su marido pasa a ser jefe de gabinete del Ministro del Ejército. Este año su padre se divorcia de Mariana Toscano y se casa con Henriqueta de Almeida. El 1 de agosto se publica su soneto *Prince Charmant* dedicado a Raul Proença, en la por él recién fundada revista *Seara Nova*. Este poema se incluiría después en el *Livro de Sóror Saudade*.

Tras la boda, el matrimonio vive un tiempo en Oporto. António es un hombre que parece severo, celoso y sin imaginación. En este nuevo giro de su vida Florbela ha pasado de vivir en convivencia en la Universidad de Lisboa, donde los colegas le dispensan atenciones más o menos premeditadas, a una vida de exiliada, cuya "banalidad trágica" se pervierte en esperanzas bruscas que no se adivinan.[47] El padre no le perdona el segundo matrimonio. Este divorcio sí deja huella en su vida, al contrario del primero que apenas le importa.

Después de un mes de casada, en Oporto, se muda a una quinta en Amadora, cerca de Lisboa, cedida por un amigo de su marido. Viven allí cuatro meses hasta que encuentran casa en Lisboa y se mudan en junio de 1922 a una habitación en la Rua Josefa d'Óbidos, nº 24, 4º piso, en la zona de Graça. En una carta a Apeles del 18 de noviembre de 1922 le indica la nueva dirección en Lisboa: "Olha que eu moro na Rua Josefa d'Obidos 24-4º (A Graça)". En esta casa, en la mansarda de la ventana abierta sobre el cielo de Lisboa creó sonetos como *O meu orgulho*, *A vida*, *Tarde demais*…[48]

Son pobres, la familia a veces les manda comida y dulces, pues a pesar del desencanto y el enfado, la apoyan y acaban cargando con el escándalo frenético de los gustos de Bela. Tanto su matrimonio con Moutinho como con Guimarães son matrimonios enigmáticos, ya que no se trata de un matrimonio intelectual en ninguno de los casos y tampoco con ninguno está "bien casada". Florbela no es rica, pero se empobrece poco a poco. Para mantenerse, de nuevo, imparte clases de portugués a alumnas, destacando a Aurélia Borges, que le dedicará un estudio a su vida y obra, así como a otras que también la estudiarán tras su muerte: Helena Graça dos Santos, Maria do Céu Amaro dos Santos y Lídia Aguiar do Amaral, en la residencia de Lídia, en la Rua Braamcamp, n.º 25.

En enero de 1923 se publica el *Livro de Sóror Saudade* y en noviembre de este mismo año Florbela sufre su segundo aborto involuntario. Para recuperarse, sale de Lisboa y se hospeda en Gonça, en una quinta de familiares.

El título de este nuevo libro de poemas no es el que Florbela ideó para su segunda publicación. Tras el *Livro de Mágoas*, tiene intención de publicar su *Livro de Quimeras*, pero otro escritor le roba el nombre, lo que sabemos gracias a una carta enviada a Apeles el 10 de marzo de 1922, por su cumpleaños.[49] Esta carta incluye una nota al margen donde dice: *Ese travieso de Alfredo Pimenta arruinó mi arreglo publicando un "Libro de Quimeras". ¡Demasiado para mis quimeras! El mío al final se llama Livro de Sóror Saudade.*

Florbela adopta como seudónimo María de las Quimeras: *Maria das Quimeras me chamou alguem...* Y si "alguien" la había llamado María das Quimeras, también otro alguien la llamó *Irmã Sóror Saudade*, por lo que denomina así al nuevo libro, *Livro de Sóror Saudade*, en el que "la quimera y la *saudade* se dan la mano en él como se dieron en el transcurrir vital de Florbela" nos cuenta María Tecla, a propósito del título de la antología *Florbela Espanca, quimera y saudade* (Torremozas, 1991).

¿Por qué María de las Quimeras? Quizás por el animal mitológico, quizás por el título del poemario de Nerval: *Les Chimères*. Portugal está bajo el influjo de los ecos de París y hay una vuelta a los románticos, como en los surrealistas. Hay una mirada clara a Nerval, que se aprecia en Florbela cuando ella misma dice que es un verso de Nerval. Mário de Sá-Carneiro,[50] su libro *Céu em Fogo* (1915) se parece a la mezcla de la realidad y el sueño de *Aurélia*. *El cielo en llamas* (*Céu em Fogo*, 1915) reúne la obra en prosa de Sá-Carneiro; es un libro influenciado por Nerval, dedicado *al príncipe de Aquitania*, donde ya sólo el titulo sale de un verso del poema *Le bal des mortes: Le cheval disparaît en cendre / Avec de longs hennissements... / Du ciel en feu semblent descendre.*

Florbela envía su segundo libro al Doctor Mário Lage, que la había atendido durante su última crisis. Volverá a verle en noviembre de ese mismo año, 1923, cuando se desplace a Gonça para recuperarse de su segundo aborto, el primero con su segundo marido. Bela actúa por impulso. El matrimonio con Guimarães ha fracasado; sus discusiones son constantes. Florbela huye hacia delante y se refugia en Mário. Es como una niña que se encapricha de los hombres, a los que trata como juguetes con los que entretiene sus días sin atender al daño que les hace, rasgo también derivado de su narcisismo. Bela y Mário comienzan a convivir rápidamente y, como es lógico, António pide el divorcio, que no llegará hasta junio de 1925 por problemas con el pago. Este segundo divorcio es traumático para ambos: Florbela está resentida, como no lo estuvo con el divorcio de Alberto Moutinho y António siente repulsión, odio y rabia por sentirse decepcionado y traicionado.

Guimarães volvió a casarse ese mismo año, no tuvo hijos. Vivió en Timor, pero regresó a Lisboa para incorporarse a una Agencia de Recortes de Prensa, propiedad de un familiar. A través de ella publicó gran cantidad de material sobre Florbela entre 1945 y hasta su muerte. Falleció en Lisboa, en 1981, a los 86 años.

A maior tiragem de todos os semanarios portuguezes

O DOMINGO ilustrado

O pungente desastre do "Henriot 33"

[illegible]

LISBOA · BRISTOL CLUB · DANCING

El accidente del hidroavión de Apeles,
en portada del diario *O domingo ilustrado*.

El libro que llevaba a la quimera en su título sale a la luz, finalmente, en enero de 1923, es el *Livro de Sóror Saudade*, libro de sonetos que fue inmediatamente elogiado por la crítica en prensa.

El libro fue editado en Lisboa por Tipografia A Americana y contaba con treinta y seis sonetos. María Tecla Portela cuenta que los sonetos aparecen con modificaciones con respecto de los originales y de las pruebas tipográficas, lo más seguro de la mano del editor Francisco Laje, lo que desespera y decepciona a Florbela.[51] Los costes de la edición del libro los cubrió João Espanca, a pesar de estar resentido por el primer divorcio de su hija; será a finales de este año cuando le retire la palabra, por el fracaso de su matrimonio y su nueva relación con Mário Lage, distanciándose hasta el 15 de octubre de 1925, cuando Bela escribe a su padre para informarle de la boda que tendrá lugar el día 29 en Matosinhos.

En este libro Florbela expresa, como en el *Livro de Mágoas*, el dolor; la pena del alma y su gesto. Pero ya no es sólo la pena del alma la que se llora, sino la existencia misma. Sus sonetos son suspiros cansados donde se revela su agotamiento: *Cheguei a meio da vida já cansada / De tanto caminhar! Já me perdi! / Dum estranho país que nunca vi / Sou neste mundo imenso a exilada.*[52]

Florbela encarna en su vida y obra una suerte de transición tardía entre el romanticismo y el decadentismo con el modernismo portugués. Sus poemas son más decimonónicos que vanguardistas, si quisiéramos someterlos a los corsés de la teoría, lo que se hace evidente no sólo en sus temas recurrentes (el amor, el dolor, la muerte, la agonía existencial y la búsqueda de Dios en una Naturaleza panteísta), sino también en el uso casi exclusivo del soneto como forma para dar cauce a su creación, mientras que en ese mismo primer cuarto de siglo la vanguardia se desarrolla en Francia y existen ya los caligramas de Apollinaire y en España los poemas visuales de Guillermo de Torre, las propuestas del ultraísmo y del Arte Nuevo y de los artistas del círculo de Giménez Caballero. También en Portugal hay recepción de la vanguardia, como en la revista *Portugal Futurista*, de la que se publicó un único número en 1917 figurando en la portada Almada Negreiros, Fernando Pessoa, Mário de Sá-Carneiro, entre otros. Pero la obra de Florbela es decimonónica; se siente más próxima a António Nobre y a Nerval. A pesar de vivir y crear en los años 20, su espíritu y referencias no se han movido del París-Lisboa *fin de siècle.*

Donde sí es plenamente contemporánea es en su afinidad a la corriente del Saudosismo, que influye, sin ninguna duda, en el *Livro de Sóror Saudade*. El Saudosismo es una respuesta esotérica al positivismo realista que había imperado en el XIX, también por influjo francés, y que se perpetuó a través de una tendencia al historicismo de los autores que actuaron bajo el signo de Herculano, primero y de Eça de Queiroz, después.

El afán historicista de Alexandre Herculano expresa la inclinación del carácter portugués de ser portugués no a través del alma sino de la memoria, de la Historia, algo que, a pesar de la voluntad cientificista, no dejaba de tener un halo nacionalista romántico. Frente a esta visión del mundo como Historia, se encuentra, también en el XIX, la visión espiritual y romántica de Almeida Garrett, quien, dice Fidelino de Figueiredo expresa "la inclinación constante del carácter portugués a condensar el universo en el alma de cada uno", ya que "Garrett es el mundo como personal emoción lirica; Herculano es el mundo como Historia".[53]

El corazón y la pluma de Florbela actúan bajo el influjo del signo de Garrett, igual que lo hacen António Nobre y Alberto de Oliveira, quien a finales del XIX, "apoyándose en el autor de Só y en el introductor del Romanticismo en Portugal, inauguró el llamado Neogarretismo, corriente neorromántica que tenía como principales objetivos reaccionar contra la excesiva influencia francesa en la literatura nacional".[54] António Nobre es el legítimo heredero de Garrett, y también estarán en la estirpe de los nacidos bajo el signo de Garrett el joven Mário de Sá-Carneiro y otros contemporáneos de Bela, no por movimiento ni grupo, sino por espíritu.

El Saudosismo toma forma y se desarrolla en ese primer cuarto del XX, apoyándose en el impulso de Teixeira de Pascoaes y consolidándose en los ideales de un Renacimiento Nacionalista que tiene como centro la saudade y la Historia, como una "aguda introspección del carácter portugués en su zona más indiferenciada".[55]

En 1912 se funda en Oporto la Sociedad literaria *Renascença portuguesa*, en los primeros años de la primera República, que se instaló tras la Revolución del 5 de octubre de 1910 y duró hasta el golpe de Estado de 1926. Entre sus integrantes se encontraron Leonardo Coimbra, Jaime Cortesao y otros, además de Pascoaes que, de nuevo, fue un impulso fundamental. Todos ellos habían fundado en 1910 la revista *A Águia*, publicada bimensualmente en Oporto entre 1910 y 1932, demolida por el *Estado Novo* impulsado por la Dictadura de Salazar. En ella se consolidaron los ideales del grupo y se dieron a conocer autores como Pessoa, quien publica en 1912 su primer artículo de crítica literaria *La nueva poesía portuguesa sociológicamente considerada.*

El Saudosismo es una búsqueda más allá del misterio del mundo, una vuelta a esa sed de infinito que constituye, según Florbela, el ser poeta, y que asume y anticipa las posiciones del sebastianismo mesiánico al que se adscribe

Pessoa en *Messagem* (1934). Tras la revista *Renasçensa portuguesa*, y cronológicamente pasando por el destello vanguardista cosmopolita de *Orpheu*, de Pessoa y de Sá-Carneiro, que tan sólo duró dos números en 1915, llegamos a la fundación de la revista *Seara Nova* en 1921 por Raul Proença. En ella, Florbela publicó sonetos como *Prince Charmant*, dedicado al fundador de la revista y que más tarde aparecería en el *Livro de Sóror Saudade*, un poema irremediablemente melancólico: *Em toda a nossa vida anda a quimera / Tecendo em frágeis dedos frágeis rendas... / Nunca se encontra Aquele que se espera!*[56]

Tras las primeras tentativas de los primeros años del Saudosismo, y ante la respuesta de una burguesía anclada en el XIX, el foco literario se traslada a Coímbra, alrededor de la revista *Presença*, fundada por Branquinho da Fonseca y José Régio, responsable de ediciones póstumas de Florbela, el 10 de marzo de 1927.

La *saudade* no es nostalgia, *es un sentimiento de fiebre de existir todavía más allá del otro océano*; ante todo, es un sentimiento de existir, como una constatación fisiopsicológica propiamente portuguesa de estar en la tierra, como arrojado. El corazón mutilado, pero, ante todo, con el corazón. La *saudade* es el abismo de la tierra al borde del Atlántico y a la vez no es nada de eso, nada más que ese no-lugar más allá del otro océano, *donde la vida era la vida, pero sólo era la vida*,[57] dictan los versos de Pessoa. Es un abismo que se vuelve casi gnóstico, una búsqueda más allá del misterio del mundo, pero una búsqueda no intencionada, como un compás, como un ritmo, un latido. El corazón portugués se rige por el latido de la *saudade*. Un corazón melancólico, una existencia que se sabe nihilista y que lo acepta, porque sabe, como Nietzsche, que la salida del nihilismo es –en términos de Hölderlin– habitar poéticamente la tierra. Una existencia estética, tal es la vía del romántico, y la *saudade* es el anhelo de la pena, la *magóa* del alma, su pesar, donde la belleza es trágica y letal, pero es dulce y es bella: *E à noite, à hora doce da ansiedade / Ouviria da boca do luar / O De Profundis*[58] *triste da saudade...*[59]

El divorcio con Guimarães se efectúa el 23 de junio de 1925. Florbela se divorcia por segunda vez y se casa por tercera con el médico Mário Pereira Lage (Loivos, 1893-Oporto, 1967) el octubre del mismo año en Matosinhos, en el distrito de Oporto. Con su nuevo marido vivía desde 1924 y le conocía desde 1921, en la provincia de Oporto. El 1 de diciembre de 1925 escribe a su hermano, indicándole su nueva dirección "P.S. escribe a Mme. Mário Lage – Esmoriz, Ovar". La boda tuvo lugar en Matosinhos, donde vivirá desde junio de 1926.

A finales de diciembre de 1925 fallece Mariana Toscano, madrastra de Florbela, y rápidamente escribe una carta a su padre el 27 de diciembre de 1925 desde Esmoriz. Gracias a esta carta sabemos que Mariana deja en herencia a Florbela parte de sus posesiones, pero también da testimonio de la alta estima de Bela por ella, a pesar de no ser su madre biológica.[60]

Este tercer matrimonio no es fácil; el padre de Florbela rechaza el comportamiento de su hija, quizás por no soportar verse en un espejo que reproduce la triada de personas que pasan por la vida de Bela, mientras que el padre de Mário está en desacuerdo. El padre de Lage es un hombre tradicional, Concejal del Ayuntamiento de Esmoriz, en Ovar, donde vivirán todos juntos tras la boda. Se opone al matrimonio de su hijo con una mujer como Florbela, que representa todo lo que la moral de la sociedad portuguesa rechaza, lo que generará tensiones en la convivencia.

A pesar de todo, Mário quiere casarse y se casa con Florbela arriesgando su posición social y profesional; y, de hecho, permanece con ella y la cuida hasta su muerte. Ella está ilusionada con Mário; desde que se hace oficial el matrimonio, Bela habla siempre de él en las cartas que envía; cuenta cómo les cuesta la vida y que apenas tiene dinero porque su matrimonio está "empezando", a pesar de que Mariana le ha dejado algo de herencia. En una carta del 15 de enero de 1926, que envía a Henriqueta, la tercera mujer en la vida de su padre, habla del trabajo en Matosinhos y de la dificultad de desplazarse, aunque les visitarán ese mismo año en Évora en un viaje desde Oporto. Sus rendimientos económicos dependen de su trabajo de médico, lo que sabemos por lo que dice en las cartas de estos años.

En Oporto no la acogieron bien, por su modo de desenvolverse en la vida, con los hombres y por ser poeta; será la época más oscura de su vida, de la que apenas habla, a pesar de manifestar su queja constante en las cartas a su hermano. Se hace famosa en Matosinhos, por salir a Oporto todos los días con un sombrero enorme y por frecuentar las librerías Lello y Tavares Martins. Ambas librerías eran también editoras y, de hecho, la segunda se encargó de publicar una reedición de sus sonetos completos en los 60. Entra en la esfera intelectual y hace traducciones, la primera firmando como Felisbella Espance. Traduce novelas francesas para Livraria Civilização de Oporto, firmando como Florbela Espanca Lage. Mientras, colabora con poemas en el periódico *D. Nuno* de Vila Viçosa, dirigido por José Emídio Amaro, con quien mantiene una correspondencia; muchos de los poemas que escribe en el periódico serán incluidos en *Charneca en Flor* (1931).

El 5 de enero de 1926 Florbela escribe una carta a Apeles para consolarle por la muerte de su novia. Apeles les visitará en septiembre en Matosinhos, invitado por su hermana ante la preocupación de su estado. Medio año después, el 28 de mayo de 1926 tiene lugar un Golpe de Estado protagonizado por un grupo de jefes militares con el fin de derrocar el gobierno de la Primera Republica Portuguesa que será precursor del Estado Novo de Salazar que se instaura en 1933.

En 1927 Florbela se aleja un poco de los sonetos y concentra sus esfuerzos en las traducciones del francés y en la escritura del libro de cuentos *El dominó negro* (publicado póstumo en 1982). En abril de ese mismo año Apeles ascendió de Teniente de Marina a Teniente de Aviación. A Florbela eso la descompone y de inmediato le pide que espere a que ella muera antes de correr tal peligro; en las cartas siguientes trata de convencerse a sí misma, justificando forzosamente que el ejército del aire es más seguro que el de tierra. Quizás la intuición y el olfato de la poeta se manifestaba antes de la imposición del Destino.

El día 6 de junio de 1927 sobre las 14:30 muere Apeles Espanca, a los 30 años. El hidroavión que pilotaba sucumbe a las aguas del Tajo, entre Oporto Brandão y Trafaria, a la altura de las aguas que se observan hoy desde la zona de Belém en Lisboa. Allí se habían encontrado los días de antes los dos hermanos. El semanario *O Domingo ilustrado* anunciaba en portada el "desastre del Herriot 33". El rostro de Apeles Espanca figuraba al lado de la imagen del naviero.

Es crucial y muy real el peso que un hermano puede tener cuando no están los padres o cuando los padres tienen un papel menor o conflictivo, como es el caso de

Florbela. Apeles lo es todo para ella; a pesar de los conflictos con su padre, de las muertes de su madre biológica y madrastra y de los divorcios y matrimonios, lo único que permanecía estable en su vida, además de la poesía, era su *querido Peles*. Es su pilar vital y el papel que jugaba en la vida de Florbela se deja ver en casi todas las cartas, por ejemplo, en una carta del 25 de abril de 1927: *Peles, querido, ¡eso es todo! Tus cartas ni ponen ni quitan lo mucho que te quiero, descansa, mi gran cariño en este mundo.*

Florbela no conoce la noticia de la muerte hasta pasado más de un mes. De hecho, le envía una carta el 22 de julio de 1927,[61] ya pasado ese tiempo del accidente, y no hay indicio de que sepa nada. Parece que lo más seguro es que se enterara ya en agosto, por indicación del padre, como testimonia la carta que le escribe a João Espanca, desde Matosinhos, el 13 de agosto de 1927, donde se refiere a su hermano como *nosso adorado morto*:

> *Sólo ayer pude leer tu carta, pues hasta entonces no sabía si estaba muerta o viva. Es verdad, padre mío, nuestro rapaz, nuestro querido pequeño ha muerto. Parece una pesadilla, pero no lo es. Ha muerto. Parece que todo de él ha muerto, que no ha dejado nada.*

Cuando Florbela habla de que no ha dejado nada se refiere a que nunca se encontró el cuerpo, sólo las cenizas del hidroavión que pilotaba. Son esas cenizas las que recogió y guardó hasta su muerte, dejando como últimas voluntades que la enterraran junto a ellas.

Su hermano lo es todo para ella y pasará el resto de sus días, hasta su muerte, tres años después, de luto por su hermano. Con su muerte Florbela-ninfa, Florbela-Diana, y Florbela-Ariadna se convierte en Florbela-Antígona. Desde entonces, ante su única estrella, ahora muerta, en el corazón de Florbela se instaura el sol negro de la melancolía.

Tras la muerte de su hermano, Florbela, que había estado trabajando en el libro de cuentos –que en España se ha editado bajo el título *El dominó negro*–, desvía su obra y escribe *Las Máscaras del Destino*, dedicado a su hermano y concluido a finales de 1927, aunque publicado póstumo en 1931. Su dolor se expresa también en su poesía, dedicándole el poema *In memoriam* "a meu morto querido" incluido en *Charneca en flor*. En efecto, son los muertos, no los vivos, los que hacen las demandas más largas.

La *saudade* congénita de Florbela se agrava con la ausencia de Apeles. De los versos negros y quiméricos de Gérard de Nerval, inevitablemente el corazón de Florbela se instala en la viudedad desconsolada. Ella es la viuda, la vieja, la desconsolada, ante la muerte de Apeles, igual que lo fue Nerval ante la muerte de Jenny Colon:

Je suis le Ténébreux, – le Veuf, – l'Inconsolé,
Le prince d'Aquitaine à la tour abolie:
Ma seule étoile est morte, – et mon luth constellé
Porte le soleil noir de la Mélancolie.

(*El Desdichado*, 1854)

Florbela es conocida, sobre todo, como poeta, ya que es a los sonetos a lo que se dedicó durante toda su vida, mientras que su faceta como prosista a menudo pasa a un segundo plano. En prosa eligió el cuento, ya que este le permite concentrar y desplegar el lirismo, así como los temas que son recurrentes también en su poesía: la muerte, el Destino, el Amor, la *saudade* y la reflexión velada por la ironía están siempre presentes. Las dos obras que nos ha dejado han sido maravillosamente traducidas al español, como su poesía, por María Tecla Portela Carreiro: *El dominó negro* (Torremozas, 2004) y *Las máscaras del destino* (Torremozas, 2002).

Tras la muerte de su hermano empiezan a crecer las crisis de enfermedad; su salud se debilita: Florbela no come, no duerme, a veces ni siquiera escribe. Como catalizador, se concentra en la prosa; escribe cuentos y relatos, mientras, traduce libros del francés. La influencia de los autores franceses es evidente y trasluce en su obra.

En 1927 prepara *El dominó negro*; es cuando ella se encuentra escribiendo este libro de cuentos que Apeles muere. Inmediatamente, Bela, con el corazón en las manos, se precipita a escribir *Las máscaras del Destino*, de publicación póstuma en 1931 y dedicado *A mi hermano, a mi querido Muerto*.[62] *El dominó negro* data de 1928, y consistía en una recopilación de cuentos que no consiguió entregar a tiempo. El cuento que da nombre al título no fue publicado hasta el 9 de octubre de 1946, en *O Primeiro do Janeiro*; el conjunto no fue publicado hasta 1982 por Livra-ria Bertrand.

El dominó negro es un libro pesimista, con tendencia a aceptar las frustraciones como una imposición del Destino. Está compuesto por seis relatos, todos ellos velan la mirada de la escritora. La Verdad de su pensamiento y de su opinión se cuelan por la aparente irrealidad o ficción de los acontecimientos. Ella habla por boca de todos, haciendo del cuento una gran mascarada donde ella se esconde tras ese dominó negro, que no es sino el antifaz negro que cubre los ojos con la capa a juego.

Es testimonio del ambiente que conoce, rural, urbano y regional, incluso aparece directamente el Alentejo natal. Narra la visión y el ambiente del Portugal del XX, pero atravesado por una mirada erudita, conocedora de los clásicos, de los románticos, de los franceses… Helena, Laura y María aparecen en sus cuentos, especialmente el último que es su alter ego: María de las Quimeras. No es de extrañar que, a pesar de ser cuentos independientes, el título del conjunto adopte el nombre del primero de ellos, *El dominó negro*; de nuevo, sus cuentos se convierten en un yo velado. En *Al margen de un soneto*, el segundo cuento del libro, Florbela parece proyectar todas sus máscaras en las obras de la poeta protagonista; todas las mujeres que es y ha sido o, tal vez, todo aquello que los hombres han temido de ella y por lo que han terminado abandonándola.

Con la muerte de Apeles, Florbela interrumpe la escritura del libro de cuentos *El dominó negro* que la ocupaba, junto a las traducciones del francés que hace para mantenerse. La muerte de su hermano es un golpe letal –"Ya no soy hermana de nadie más" dirá en el poema *In memoriam* de *Charneca en flor*, dedicado "ao meu morto querido"– y escribe *As mascaras do Destino*[63] para soportar la herida, o quizás para abrirla hasta desangrarse de dolor.

Se trata de una colección de ocho relatos protagonizados por la muerte y por la figura del hermano desaparecido, a quien dedica el libro. Es un libro para su *querido Peles* o, más bien, este libro es lo que de su hermano perdura en ella; la dolorosa belleza que la acompaña y se niega a soltar. Un libro escrito para mantener vivo a su hermano en ella, para que su hermano no muera permaneciendo en Florbela y en la escritura; una especie de invocación *Surge et ambula* ante su muerte: *Los muertos son en la vida nuestros vivos, andan con nuestros pasos, los traemos en brazos por la vida y sólo mueren con nosotros*, dice en la dedicatoria del libro, que va dedicada *A mi Hermano, a mi querido Muerto*. Y en esta misma dedicatoria sigue:

> *Este libro es el libro de un Muerto, este libro es el Libro de mi Muerto. Todo cuanto de sutil y profundo vibra en él, todo cuanto en él es alado, todo lo que en sus páginas es luminosa y exaltadora emoción, todo el sueño que le he puesto, toda la espiritualidad de la que lo he llenado, la belleza dolorosa que, pobrecito y humilde, lo eleva por encima de todo, las almas que he creado y que dentro de él son gritos y sollozos de amor, ¡todo es de Él, todo es de mi Muerto!*[64]

Ochos relatos obsesivos donde trata de convencerse de la realidad que es la muerte. *¡Los muertos no vuelven!* Se repite la protagonista de uno de los relatos que lleva por título lo que la exclamación dicta. Y no vuelven, se convierten en un perfume olvidado, el olor abrupto de la piedra que llora en las lápidas, el dibujo del sol en la tumba, las lágrimas que brotan y caen para perderse en el olvido. Y el resto es ceniza, polvo y nada; la ceniza gris que queda de los restos del hidroavión y que Florbela recoge para enterrar a falta del cuerpo, acudiendo al lugar de la muerte para llevarse el cuerpo de su hermano, o lo que queda de él, como Antígona, para dignificar a su hermano querido.

El libro también fue publicado póstumo, aunque antes que su *Dominó*, siendo editado en 1931 por la Editora

Marânus de Oporto. El libro de abre con el cuento de *El Aviador*, donde eleva y mitifica la muerte de su hermano y sigue con otros siete cuentos, destacando *Las oraciones de Sor María de la Pureza* y el cuento de cierre: *Lo sobrenatural*. En todos ellos está presente la cuestión del Destino, una constante en la obra de Florbela.

Florbela Espanca en 1918 (segunda por la izquierda) con amigos, su hermano Apeles (en el centro), y Alberto Moutinho (entre las piernas de Apeles)

La muerte de Apeles sume a Florbela en un pozo de tristeza: un año después, en 1928 tiene lugar su primer intento de suicidio.[65] Los días se suceden grises, cada vez más grises, las noches de insomnio se multiplican y Bela sólo existe en la escritura. Estamos en 1930, es 11 de enero y Florbela decide empezar un *Diario* a conciencia de que será el de su último año de vida. La primera entrada dice así:

> *¿Para mí? ¿Para ti? Para nadie. Quiero lanzar aquí, negligentemente, sin pretensiones de estilo, sin análisis filosóficos, lo que los oídos de otros no recogen: reflexiones, impresiones, ideas, modos de ver, de sentir todo mi espíritu paradójico, quizás frívolo, quizás profundo.*
>
> *Se fueron, hace mucho tiempo, los veinte años, la época de los análisis, de las complicadas disecciones interiores. He comprendido, por fin, que nada he comprendido, incluso que nada habría podido comprender de mí* (...)
>
> (...) *No persigo ningún reto especial al escribir estas líneas, no busco ningún objetivo, no tengo en cuenta ningún fin. Cuando yo me muera, es posible que alguien, al leer estos descosidos monólogos, lea lo que siente sin saber decirlo... entonces, que esa cosa tan rara en este mundo – un alma – se vuelque con un poco de piedad, un poco de comprensión,*

en silencio, sobre lo que fui o creí ser. Y consiga lo que yo no he podido: conocerme.

En este último año de vida, en el que siente que su vida se acabó ya hace tiempo, sigue colaborando con revistas y publica en *Portugal Feminino*, de Lisboa, y en *Civilizaçao* y *O Primeiro de Janeiro*, ambos de Oporto.[66] El 18 de julio comienza una correspondencia con el escritor, traductor, profesor y divulgador de la literatura portuguesa en Italia Guido Battelli, de 62 años, que había empezado a trabajar como profesor visitante de Literatura Italiana en la Facultad de Letras de Coímbra, estancia que le ocuparía hasta 1934.

En la correspondencia se aborda de manera reiterada aspectos relacionados con la publicación de *Charneca en Flor*, especialmente desde noviembre, ya que será Guido el responsable de la edición del libro, publicado póstumo en 1931. Se conocen a través de un amigo abogado de la ciudad de Pombal e inmediatamente se interesa por su obra, lo que le llevará también a traducir los sonetos de Bela al italiano. Es Florbela quien, al ver la afinidad interior con Battelli, le pide que busque un editor para su *Charneca*, y será él mismo quien se ofrezca a editar los sonetos.

A pesar del nuevo impulso que supone Battelli en la vida de Florbela, que necesita estímulos constantes que la entusiasmen, su estado de salud se agrava, la neurastenia se apodera de ella y sufre agotamiento, fiebre, insomnio y depende del Veronal, un barbitúrico comercializado a principios de siglo y que se utilizaba como tranquilizante. Dicen que el nombre de este somnífero se debe a que la sustancia es parecida a la que Julieta tomó para simular la muerte, y de ahí que Veronal venga de Verona.

El día 24 de enero en su diario habla del *Diario* de Marie Bashkirtseff (1858-1884), pintora rusa muerta a los 26 años de tuberculosis en París y cuyo diario había sido publicado en francés en 1887. Se pregunta: *Lo único que no comprendo en aquella gran alma es su miedo a la muerte. El espectro de muerte la deja amedrantada, espantada, indignada. Es su única flaqueza.* Murió gritando "que no quería morir", mientras que Florbela murió afirmando la muerte.

La muerte aparece en su *Diario* constantemente. Es el tema central, junto con la reflexión pesimista del sentido de la vida, la desesperación ante la condición humana y la despedida interior de todo lo que ha sido o ha creído ser.

El 20 de abril de 1930 se pregunta: *Al fin, ¿para qué pensar? Vivir es no saber que se vive. Buscar el sentido de la vida, incluso sin saber si tiene algún sentido, es tarea de poetas y neurasténicos. Sólo una visión de conjunto puede acercarse a la verdad. Estudiar con detalle es crear nuevos detalles. Por debajo del color está el dibujo firme, y sólo se encuentra lo que no se busca. ¿Por qué no me olvido de vivir... para vivir?*

Su incapacidad de vivir sin prescindir del peso de un pensamiento que irrita y agota la existencia recuerda a Emil Cioran: *¡Ser incapaz de vivir en cada instante, no poder vivir más que en el porvenir o en el pasado, en la ansiedad o en la nostalgia! (Desgarradura) En realidad, en toda la obra de* Florbela hay una constante idea de que el progreso de la vida puede consistir sólo en empeoramiento de lo malo que recuerda a Cioran: *Durante toda mi vida he luchado conmigo mismo con la única intención de dejar de hacerlo. Resultado: ninguno. Dichosos quienes ignoran que madurar es asistir al empeoramiento de las propias incoherencias y que ese es el único progreso del que deberíamos poder jactarnos.*[67] La paz y el descanso, aunque mínimo, sólo se encuentra en lo que rasga la superficie de la apariencia.

Florbela se debilita, como una flor que se muere poco a poco, y esa muerte lenta se traduce en su diario. El 28 de abril 1930 empieza a decaer: *No tengo fuerzas, no tengo energía, no tengo valor para nada. Siento que me hundo. Soy la rama del sauce que se inclina y dice que sí a todos los vientos.*

El 20 de noviembre de 1930, faltan 18 días para su muerte. Florbela se pregunta en el diario: *¿La muerte definitiva o la muerte transfiguradora? ¿Pero qué importa lo que está más allá? ¡Sea lo que fuere, será mejor que el mundo! ¡Todo será mejor que esta vida!*

Lo último que escribirá en su diario, el día 2 de diciembre fue: *¡Y que no haya gestos nuevos ni palabras nuevas!* El Diario de Florbela se publicó como *Diário do último Ano* en 1981, en Lisboa, por la Livraria Bertrand con prefacio de Natália Correia.[68] En España, el *Diario* apareció comentado, como no podría ser de otra manera, por María Tecla Portela Carreiro, a modo de prólogo para la antología *María de las Quimeras* (Torremozas, 2013).

El 8 de diciembre de 1930 Florbela se entregó a la muerte. En la madrugada del día de su cumpleaños, su cuerpo cedió a la sobredosis de Veronal, y se volvió aún más pálida, de una palidez marmórea. Murió con el mismo veneno depositado en los labios de Romeo y de Julieta, pero no por amor, más que a sí misma, sino por quimera, *mágoa* y *saudade*.

Días antes había escrito a sus amigas diciendo que se suicidaría como regalo de cumpleaños, pero nadie la creyó, a pesar de dar claras pistas de los actos de alguien que prepara su despedida: regalos, cartas… aunque las cartas donde informa de su decisión están previstas que lleguen después. A Mário le dejó una carta entre su ropa con sus últimas voluntades.

La noche del 7 de diciembre decide dormir en otra habitación, no en la cama matrimonial, con la excusa del insomnio y le pide a la criada que no la despierte. La encuentran a la mañana siguiente, con un vaso de leche en la mesilla y dos cajas vacías de Veronal.

La presencia de la muerte en su obra es constante: habla con ella, la llama, le ruega que venga, sobre todo en los poemas de sus últimos años de vida, de ahí que muchos de ellos aparezcan en las obras póstumas, *Charneca en Flor* y en *Reliquiae*: *Dona Morte dos dedos de veludo / Fecha-me os olhos que já viram tudo!/ Prende-me as assas que voaram tanto!*[69] En efecto, el arte de morir es la operación del poeta.

No hay forma de imitar la presencia de la Muerte. La Muerte se descubre en los ojos. Por eso Florbela se pregunta en su diario el 24 de noviembre 1930: *Los ojos... no se examinan: deslumbran. Debe haber vivido diez vidas en una sola vida. Hay sueños muertos, como violetas aplastadas, en la piel fina y macerada de los párpados. ¿Qué rastro dejarán en mi vida aquellos pasos, silenciosos y seguros, que conocen el camino, todos los caminos de la tierra?*

Florbela buscó la muerte y la afirmó. La encontraron en su cama, junto a dos botes de Veronal. En la carta que dejó escrita a Mário pedía que se la enterrara junto con los restos del hidroavión en el que murió su hermano y que ella había guardado. Era la tercera vez que intentaba suicidarse y lo consiguió. En Matoshinos, en la casa que compartía con Mário. Causa de muerte: sobredosis de barbitúricos. Causa alegada en su momento: edema pulmonar, ya que el suicidio era el peor de los pecados, pues atentaba contra la evolución y reproducción. Y a pesar de eso, hoy sigue siendo olvidada en las antologías de poetas suicidas, como ya apuntaba María Tecla Portela en sus estudios sobre la poeta lusitana.

Tras su muerte, su padre no reconoció a Florbela como hija y tuvo que ser enterrada en Matosinhos, junto a la familia de Mário. No fue hasta 1949, cinco años antes de su muerte, que João reconoció a su hija como tal; no obstante, sus restos no fueron trasladados al cementerio de Vila Viçosa hasta el 17 de mayo de 1964, donde permanecen desde entonces.

Florbela no logró ver publicado el libro que fue sostén e ilusión de su último año de vida. Guido Battelli siguió adelante con la publicación y el libro salió póstumo, editado en Coímbra, por la editorial Livraria Gonçalves y contó con dos ediciones, ambas realizadas por Battelli. La primera edición, *Charneca en Flor* (1931) incluía 56 sonetos; la segunda edición: *Juvenília: versos inéditos de Florbela Espanca*, contaba con 28 sonetos inéditos y estudio crítico de Guido Battelli.

Se suicidó en la víspera de ver su obra publicada, en ese afán de preferir las cosas inacabadas y mutiladas, después de que la preparación de ese manuscrito ocupara parte de su año. El primer frente de posibilidad de publicación había llegado con José Emídio Amaro, director del diario *Don Nuno* de Vila Viçosa, donde Bela colaboraba. De hecho, algunos poemas que aparecen en *Charneca en Flor* ya habían sido publicados en este diario. Florbela se carteó con Amaro con durante su último año de vida para acordar la publicación del libro de sonetos y en sus cartas puede seguirse la génesis de la obra, el sentido del título y la visión de Florbela.

El 15 de mayo de 1927 Florbela le envía desde Matosinhos el poema *Charneca en flor* junto con una carta en la que explica el sentido del poema y que justifica después la antología que se publicó a cargo de Battelli: *el soneto que te envío es el que más alude a la tierra alentejana que tanto amo. Pertenece a un libro titulado Charneca en flor, y es el soneto de apertura, un libro que, por supuesto, no llegaré a publicar...*[70]

Durante los años sucesivos existe correspondencia entre ambos a propósito de la edición, que terminará de prepararse en 1930. Este año, a propósito de la portada Florbela escribe a José Emídio Amaro y dice de la charneca:

> *La charneca es áspera y salvaje, incluso vestida de sus colores predilectos: púrpura y dorado. Retama, brezo, romero, jaras: plantas amargas y rudas, siempre sedientas, siempre solitarias, bajo un cielo donde se enciende el sol que las quema y la luz de la luna que las hace soñar sueños irrealizables de cenicientas que nunca será princesas. Del mismo modo yo también soy Charneca en flor. Le envío el soneto que, a propósito del título, abre el libro.*[71]

A pesar de todo, no consiguió encontrar editor hasta que conoció a Battelli. Guido Battelli se interesó por ella, la acercó a la lírica italiana; conocía el Saudosismo –de hecho, escribió un libro sobre Teixeira de Pascoaes– y comprendió la obra de Bela. Battelli fue un nuevo destello que la ilusionó y la aferró al mundo, tanto que cuando él decide volver a Italia ella se enfada. Fue él quien, finalmente, editó su *Charneca en Flor* y quien se se encargó de llevar a la Biblioteca de Évora unas cartas que le había enviado la poeta con compromiso de no abrir al menos diez años después del primer aniversario de la muerte de ella.[72]

Son muchos los poemas en los que habla de la charneca, como si la flor arisca fuera su alter ego, además de la Quimera. La primera vez que aparece la identificación con la charneca, que dará nombre a su último libro de poemas es en el *Livro de Sóror Saudade*, en el poema *Esfinge*: *Soy hija de la charneca estéril y salvaje.*

Aparecerá en otros poemas, pero, sobre todo, en el poema que abre y que da título al *Charneca en flor*:

> *Enche o meu peito, num encanto mago,*
> *O frémito das coisas dolorosas…*
> (…)
> *E, nesta febre ansiosa que me invade,*
> *Dispo a minha mortalha, o meu burel,*
> *E já não sou, Amor, Soror Saudade…*
> *Olhos a arder em êxtases de amor,*
> *Boca a saber a sol, a fruto, a mel:*
> *Sou a charneca rude a abrir em flor!*[73]

Asimismo, en *Reliquiae* (1931), encontramos otro poema con protagonismo de la charneca, en *Nihil novum: Sempre a charneca bárbara e deserta, / Triste, a florir, nunca ansiedade vã! / Sempre da vida - o mesmo estranho mal, / E o coraçao - a mesma chaga aberta!*[74]

La vida de Florbela fue un rayo entre dos noches eternas. Un destello fugaz y doloroso; de una agonía traslucida. El corazón de su vida fue la creación. Antepuso la escritura a la vida y vivió para la escritura. Renunció a la vida... para afirmarla en su raíz. Sus contemporáneos la reconocieron como igual, siendo el ejemplo más claro de esto un poema que Pessoa dejó escrito, *En memória de Florbela Espanca*:

Dorme, dorme, alma sonhadora,
Irmã gémea da minha!
Tua alma, assim como a minha,
Rasgando as núvens pairava
Por cima dos outros,
À procura de mundos novos,
Mais belos, mais perfeitos, mais felizes.

Criatura estranha, espírito irriquieto,
Cheio de ansiedade,
Assim como eu criavas mundos novos,
Lindos como os teus sonhos,
E vivias neles, vivias sonhando como eu.

Dorme, dorme, alma sonhadora,
Irmã gémea da minha!
Já que em vida não tinhas descanso,
Se existe a paz na sepultura:
A paz seja contigo![75]

No sabemos con exactitud cuándo escribió este poema, ya que apareció mecanografiado en una hoja en el afamado baúl personal que dejó como legado, aunque lo más seguro es que lo hiciera poco después de darse a conocer la noticia de su muerte. Tampoco sabemos con exactitud si Florbela y Pessoa llegaron a conocerse, pero, sin duda, tuvieron noticia en vida el uno del otro. En todo caso, es interesante, como ha señalado José Carlos Fernández en su biografía sobre Florbela, que Pessoa la considerara "minha alma gémea", ya que a ningún otro poeta considera de forma semejante.[76]

A pesar de ello, a menudo es olvidada en las antologías de poetas mujeres, de poetas portugueses y de poetas suicidas. La poesía es luz en la noche y Florbela es luminosa en la plenitud de su oscuridad, junto a su sol negro que es también el corazón de Portugal, "porque para Portugal el sol no nace nunca: muere siempre en el mar que fue teatro de sus hazañas y cuna y sepulcro de sus glorias", que diría Miguel de Unamuno.

Post scriptum

Llegué a la obra de Florbela en Lisboa, en la Livraria Bertrand del Chiado, Rua Garrett, que toma el nombre del último romántico de Portugal. Entonces yo no sabía quién era Florbela, ni conocía su extraña forma de vida, ni que aquella librería, la más antigua del mundo, había editado su obra. Cuando leí, por fin, su poesía, me sentí exactamente como Pessoa ante ella: *alma soñadora, hermana gemela de la mía.* Desde entonces me dispuse a buscar todo cuanto había editado en portugués y español sobre y de ella; no fue fácil, ya que en España seguimos ignorando la lengua y la literatura de nuestra hermana Portugal; nuestra gran deuda pendiente sigue siendo con la literatura portuguesa.

¿Quién fue Florbela Espanca? Es una pregunta que no me atrevo a contestar con palabras cerradas, pues la Verdad, como la vida y la Poesía, se desvelan en lo abierto. Habiendo nacido en la estirpe de los lunares fue condenada a vivir en la tierra. El exilio es la separación de una persona del lugar al que pertenece; y Florbela nació para siempre separada del mundo y refugiada en sí misma y en los versos, que no fueron sino extensiones de su lamento. Y este lamento es femenino y la desgracia de la vida de poeta, el Tedio y el *Spleen* alcanzan en ella una dimensión extraña y bella; es una abstracción lúcida y plena y a la vez esférica y concentrada, la voz de la mujer que hace universales problemas de mujer. Florbela es una poeta maldita que dirige la posesión del objeto de deseo hacia sí misma, siendo ella excepción y sismógrafo de la realidad de su tiempo. Y a pesar de ello, hay en su obra un concepto de la poesía que no se limita a la expresión de un sentimiento personal, sino que busca la contemplación del espíritu. Pues su agonía no es sólo de la carne, sino, y, sobre todo, del espíritu, y es también el pulso de su vida.

¿Quién fue Florbela? Nos corresponde a los vivos aproximarnos al abismo y contemplar una forma de estar en el mundo semejante, tan grave y triste y a la vez tan bella y plena. Lo auténtico es a menudo grave y triste y los espíritus afines se acercan a Florbela reconociendo en ella alma soñadora semejante, hermana gemela de la nuestra. Ella nos reconoce y nos reconocemos en ella porque sabemos y afirmamos que nos gusta una mirada de agonía porque sabemos que es verdadera.

Durante la etapa final de escritura de este ensayo, a los pocos días de cumplirse el 130 aniversario del nacimiento de Florbela y conmemorando también la fecha de su muerte, el lunes 16 de diciembre de 2024 muere en la cuidad de Tui la poeta, escritora, traductora e introductora de la obra de Florbela en España María Tecla Portela Carreiro, a los 68 años, a causa de un cáncer pulmonar. Durante el proceso de elaboración de este libro tuve la oportunidad de hablar con ella por teléfono a propósito de la escritura de este libro. Su amabilidad y su amor absoluto a las letras portuguesas ha quedado en su obra, fruto de una vida dedicada al estudio y la escritura, a "sus papeles", como graciosamente me dijo en nuestra única llamada. Desde el primer momento, y sin conocerme, se mostró en total apertura y me ofreció toda su ayuda. Se encontraba pasando una temporada con sus familiares en su pueblo natal en la frontera de Galicia, donde veía desde la ventana, como me dijo, Portugal. Me ofreció enseñarme cuanto tenía de Florbela cuando volviera a Madrid, donde vivía desde hacía años. Ese encuentro jamás tendrá lugar, pero queda en mi memoria el haber podido percibir, por mínimo que sea el instante, algo del aura que nos deja. Queden estas líneas en honor a su memoria.

CRONOLOGÍA

1894 – 8 de diciembre, nacimiento de Flor Bela d'Alma da Conceição Espanca, a las 2 de la madrugada, en Vila Viçosa. Registrada como hija de Antónia da Conceição Lobo y padre desconocido.

1895 – 20 de junio, bautismo de Flor-Bela en la Iglesia de Nuestra Señora de la Concepción de Vila Viçosa, con Mariana do Carmo "Inglesa" Espanca como madrina.

1897 – 10 de marzo, nacimiento de Apeles Espanca, registrado como hijo natural de Antónia da Conceição Lobo y padre desconocido.

1903 – primer poema de Florbela, a los 8 años: *A Vida e a Morte.*

1905 – Primer Manifiesto feminista de Portugal, a cargo de Ana de Castro Osorio. – Florbela se matricula en el primer año del Liceu masculino de Évora, en el que estudiará hasta 1912.

1908 – Muerte de Antónia de Conceição Lobo, madre biológica de Florbela, por "neurosis", a los 29 años.

1910 – Revolución del 5 de octubre, con la que se pone fin a la monarquía portuguesa vigente desde 1139 y se inicia la Primera República (1910-1926). – Fundación en Oporto de la revista *A águia* por Teixeira de Pascoaes, que durará hasta 1932, concebida como expositor de la Renasença portuguesa.

1913 – Primer matrimonio de Florbela con Alberto de Jesus Silva Moutinho, el día 8 de diciembre, a los 19 años.

1914 – Fundación de la revista *Renascença*, en Lisboa.

Florbela y Alberto se trasladan a Redondo durante una temporada.

1915 – Fundación de la revista literaria *Orpheu*, por Pessoa y Mário de Sá-Carneiro, de la que se publicarán sólo dos números el mismo año.

1916 – Primera publicación de Florbela con el poema *Crisantemos* en la revista *Modas & Bordados*, donde empieza a colaborar. Colaboración literaria en *Notícias de Évora* – Florbela comienza a reunir sus poemas en *Trocando Olhares*, que reúne su obra entre 1915 y 1917 – Suicidio de Mário de Sá-Carneiro en París, a los 25 años.

1917 – 24 de julio, Florbela concluye el séptimo año en el Liceu de Évora; el 9 de octubre ingresa en la Faculdade de Direito de la Universidade de Lisboa.

1918 – Aparece el primer libro de Fernando Pessoa, *Antinous*, en inglés. – Primer aborto espontáneo de Florbela, y primeros síntomas de neurosis. – Inicio del segundo año de Derecho en Lisboa.

1919 – Publicación del libro de sonetos *Livro de Mágoas*. – Antes de divorciarse y casarse de nuevo, Florbela se fue a vivir con António José Marques Guimarães, alférez de Artillería de la Guardia Republicana, con quien contraería matrimonio en 1922. – Tercer año de Derecho.

1920 – Florbela interrumpe sus estudios de Derecho

1921 – 30 de abril, se oficia el divorcio de Florbela y Alberto Moutinho, en Évora.

– 29 de junio, matrimonio con António José Marques Guimarães, de 26 años, en el Registro Civil de Oporto.

– Fundación de la revista *Seara Nova* por Teixeira de Pascoaes, que será contraria al régimen de Salazar a partir de 1927 y la instauración del Estado Nuovo.
– 9 de noviembre, divorcio de João Maria Espanca y Mariana do Carmo.

1922 – 4 de julio, matrimonio de João Maria Espanca con Henriqueta das Dores Almeida, en Évora. – El 1 de agosto se publica su soneto *Prince charmant…*, dedicado a Raul Proença, en la recién fundada revista *Seara Nova*.

1923 – Publicación del *Livro de Sóror Saudade* en enero.
– En febrero, conferencia *Nós outras, as poetisas* de Branca de Golta Colaço en el Salão Nobre do Teatro Nacional de Lisboa.

1925 – 23 de junio, se hace oficial el segundo divorcio de Florbela. – El 15 de octubre se casa por tercera vez con el médico Mário Pereira Lage, en Matosinhos, en la provincia de Porto, donde viviría desde 1926. Publicación de *Poemas de Deus e do Diabo* de José Régio. En diciembre muere Mariana do Carmo, que le deja herencia.

1926 – Golpe de Estado el 28 de mayo de 1926, protagonizado por un grupo de jefes militares con el fin de derrocar el gobierno de la Primera República Portuguesa.

1927 – Prepara *O Dominó Preto* (publicación póstuma en 1982). Fundación de la revista *Presença* en Coímbra por José Régio y Branquinho da Fonseca, que durará hasta 1940. – 6 de junio, hundimiento del *Harriot 33*, muerte de su hermano Apeles a los 30 años. En su memoria escribirá *As Máscaras do Destino*, publicado póstumo en 1932.

1928 – Primer intento de suicidio de Florbela.

1930 – Durante este año escribe el Diario del último año, publicado póstumo en 1981 en portugués con prólogo de Natàlia Correia. – Suicidio de Florbela Espanca el día 8 de diciembre, a los 36 años.

1931 – Publicación póstuma del libro de sonetos *Charneca en Flor*, con autoría de "Florbela Espanca Lage", edición de Guido Battelli (Coimbra por Livraria Gonçalves). – En el mismo año, publicación de *Juvenília: versos inéditos: precedidos de un estudio crítico de Guido Battelli* (Coimbra: Livr. Gonçalves). – Publicación de las *Cartas de Florbela Espanca a Dona Júlia Alves e a Guido Battelli*, edición literaria de Guido Battelli (Coimbra: Livraria Gonçalves).

1932 – Publicación del libro de cuentos *As Máscaras do Destino*, terminado de imprimir el 31 de diciembre de 1931.

1934 – Publicación de los *Sonetos completos* (*Livro de Magoas, Livro de Soror Saudade, Charneca em Flor, Reliquiae*). Coimbra: Livraria Gonçalves. La 4ª edición de esta publicación, en 1936, fue a cargo de José Régio, con estudio crítico del poeta.

1949 – João Maria Espanca reconoce como hija a Florbela, en Vila Viçosa.

1954 – el 4 de julio muere João Maria Espanca, en Vila Viçosa.

1964 – el 17 de mayo se trasladan los restos de Florbela al cementerio de Vila Viçosa.

Notas

1. Octavio Paz, *Fernando Pessoa: el desconocido de sí mismo* (noviembre de 1961, Revista de la UNAM).
2. Juan Eduardo Cirlot, "Sagitario", *Diccionario de los símbolos* (Madrid: Siruela, 2019), 397.
3. Mº Tecla Portela Carreiro, *Florbela Espanca, quimera y saudade*, (Madrid: Torremozas, 1991), 18.
4. Juan Eduardo Cirlot, "Olivo", *ibidem*, 347.
5. Agustina Bessa- Luís, *A vida e a obra de Florbela Espanca* (Lisboa: Arcádia, 1979), 16.
6. "Cartas", Lisboa Gráfica Boa Nova, Limitada. S.d., 1952, org. Azinhal Abelho e José Emídio Amaro, con estudio final de los organizadores.
7. Esto lo rescata Bessa-Luís en el texto citado.
8. Agustina Bessa- Luís, 1979, 15.
9. *Ibidem*, 97.
10. Mº Tecla Portela Carreiro, 1991, 17.
11. *Dejad entrar a la Muerte* [*Deixai entrar a Morte*], *Reliquiae*, 1931; *¡Dejadla entrar! Que entre la Iluminada. / La que viene a por mí para llevarme […] Yo soy en este mundo una desheredada]*. Trad. Luis Alfonso Limpo Píriz (2013, 234).
12. Carta de Florbela a João Maria Espanca del 27 de diciembre de 1925, en "Cartas", Lisboa Gráfica Boa Nova, Limitada. S.d., 1952.
13. Los cuentos de Florbela se han editado en español bajo el título *El dominó negro*, tomando como título del compendio el de uno de los cuentos. Aquí sigo la traducción de María Tecla Portela Carreiro en *El dominó negro* [*O dominó preto*] (Madrid: Torremozas, 2004).
14. Existen traducciones más recientes del *Diario del último año*, pero en lo sucesivo citaré la traducción de María Tecla Portela Carreiro que realiza en el prólogo "Florbela Espanca, el último diario", a la

antología *María de las Quimeras* (Torremozas, 2013), por ser la primera traducción al español del diario.

15. Sigo la edición con traducción de Portela Carreiro ya citada.
16. Véase *El erotismo* de Lou Andreas-Salomé.
17. Agustina Bessa-Luís, 1979, 73.
18. *Es sufrir sed y hambre de infinito, tener en vez de yelmo / las mañanas de oro y de satén. / Es condensar el mundo en un solo grito. / Y amarte, amarte así, perdidamente… / Que seas la sangre, el alma de mi vida, / y decirlo cantando a todo el mundo.* Trad. Luis Alfonso Limpo Píriz (2013, 70-71).
19. *Yo [Eu]*, *Livro de Mágoas*, 1919. *Soy la hermana del Sueño, / la dolorosa, la crucificada. / Tenue sombra de niebla deshaciéndose / que el amargo destino / empuja brutalmente hacia la muerte. / Alma enlutada que nadie comprende.* Trad. L.uis Alfonso Limpo Píriz (2013, 78-79).
20. *Peor vejez [Pior velhice]*, *Livro de mágoas*, 1919. *Soy vieja y triste. Nunca por mi boca / asomó la alborada de la risa / Náufraga de la vida, con voz ronca, / a todos voy gritando que me salven / (…) / Tengo la peor vejez, la que es más triste, / pues me falta el recuerdo, la alegría/ de haber tenido juventud un día.* Trad. Luis Alfonso Limpo Píriz (2013, 82-83).
21. No ser [*Não ser*], *Charneca en Flor*, 1931. *¡Quien pudiera volver a la inocencia / de las cosas - toscas, sanas, sin vida - / perder el vano orgullo, la incoherencia ¡mantos rotos de estatuas mutiladas!* (*No ser*, *Charneca en flor*, 1931). Trad. *ibidem*, 104-105.
22. *¿Quién sabe?* [*Quem sabe?*] *Charneca en Flor, 1931. ¿Quién sabe si en esta ansia de Eternidad, / tropezando en la sombra, es la Verdad/ la mano de Dios mismo que me acoge?* Trad. *ibidem*, 226-227.
23. Agustina Bessa-Luís, 1979, 68.
24. *Misterio* [*Mistério*], *Charneca en flor*, 1931). *Tal vez un día entienda tu misterio… /¡Cuando, inerte, en la paz del cementerio / sea mi cuerpo alimento de las rosas.* Trad. Mª Tecla Portela Carreiro (1991, 77).
25. Agustina Bessa-Luís, 1979, 25.

26. *Ibidem*, 95.

27. La obra se publicó en Lisboa, en 1994, por Impresa Nacional/Casa da Moeda con estudio introductorio de Maria Lúcia Dal Farra.

28. *Inconstancia* [*Inconstância*], *Livro de Soror Saudade*, 1923. *Y este amor que se me va escapando / es igual a otro amor que va naciendo / que también partirá... ni yo no sé cuándo...* Trad. Mª Tecla Portela Carreiro (1991, 69).

29. *Ambiciosa* [*Ambiciosa*], *Charneca en flor*, 1931. *¿Amar a un hombre? - ¡Tierra tan pisada! / Gota de lluvia al viento abandonada, / ¿Un hombre? - ¡Si yo sueño amar a un dios!* Trad. *ibidem*, 82.

30. Ver: Victoria Cirlot, *Ariadna abandonada: Nietzsche trabaja en el mito* (Barcelona: Alpha Decay, 2021).

31. *A nadie pertenezco* [*Eu não sou de ninguém*]. *¡No soy de nadie...! Quien me quiera / ha de ser luz del sol en tarde ardiente / y que en sus ojos de agua clara brillen / las pupilas brillantes de un vidente.* Trad. Luis Alfonso Limpo Píriz (2013, 216).

32. María Tecla Portela Carreiro, 1991, 26.

33. *Ibidem*, 77.

34. *Renuncia* [*Renúncia*], *Livro de Soror Saudade*, 1923. *Cierra tus ojos bien, no mires nada / empalidece aún más y, resignada, / ata tus brazos a una cruz mayor. / Congela ese sudario que te encierra. / Llena tu boca de ceniza y tierra, / ¡mi mocedad, mi juventud en flor!* Trad. Luis Alfonso Limpo Píriz (2013, 88-89).

35. Agustina Bessa-Luís, 1979, 49.

36. *Ibidem*, 46.

37. José Carlos Fernández, *Florbela Espanca: A vida e a Alma de uma Poetisa* (Bruselas: Edições Nova Acrópole, 2012), 69.

38. *La flor del Sueño* [*A Flor do Sonho*], *Livro de mágoas*, 1919. *Flor sin abrojos / ¿qué tienes que haces tristes mis ojos / si ellos son tristes por amarte?* Trad. Luis Alfonso Limpo Píriz (2013, 64-65).

39. *Neurastenia* [*Neurastenia*], *Livro de mágoas*, 1919. *Lluvia... ¡tengo tristeza! ¿Pero por qué? / Viento... tengo saudades ¿Pero de qué? / Nieve, ¡qué triste destino el nuestro!*

40. *Mi pena* [*Minha Dor*] *Livro de mágoas*, 1919. *Mi pena es un convento fantasmal / Tiene claustros, y sombras, y arquerías / donde la piedra en lápidas sombrías / es un puro primor escultural.* Trad. Mª Tecla Portela Carreiro (1991, 62).
41. *Noche de saudade* [*Noite de saudade*], 1919. *Tal vez, oh Noche, exista en ti / Una saudade como la que contengo/ Saudade que sé de dónde me viene...*
42. "Al margen de un soneto", en *El dominó negro* [1982], trad. Mª Tecla Portela Carreiro (Madrid: Torremozas, 2004), 23.
43. Agustina Bessa-Luís, 1979, 89.
44. Mº Tecla Portela Carreiro, *Florbela Espanca, quimera y saudade*, (Madrid: Torremozas, 1991), 33.
45. *Imposible* [*Impossível*], *Livro de mágoas*, 1919. *¡Los males de Anto*[nio Nobre] *todos los saben! / Los míos... nadie... ¡Mi dolor no cabe / en los cien millones de versos que he escrito!*
46. *O que tu eres* [*Lo que tú eres*], *Livro de Soror Saudade*, 1923. *Eres aquella a quien todo entristece / a quien todo le amarga, irrita, humilla. / Eres a quien la pena llamó hija, la que nada merece / ni a los ojos de Dios ni a los hombres.* Trad. L. A. Limpo Píriz (2013, 90-91).
47. Agustina Bessa-Luís, 1979, 69.
48. Ver: Rui Guedes, *Acerca de Florbela: biografia, bibliografia, apêndices, discografia e índice remissivo geral*, Col. *Obras completas de Florbela Espanca*, vol. 7 (Lisboa: Dom Quixote, 1986).
49. Carta del 10 de marzo de 1922 de Florbela a Apeles en: "Cartas" (Lisboa: Gráfica Boa Nova, Limitada. S.d., 1952).
50. Mário de Sá-Carneiro nació en Lisboa en 1890 y murió en París el 26 de abril de 1916. Se suicidó en el Hôtel de Nice, en Montmartre, a los veinticinco años y en presencia de su amigo José de Araújo. Causa de muerte: sobredosis (cinco frascos de arseniato de estricnina).
51. María Tecla Portela Carreiro, 1991, 38.
52. *Carabelas* [*Caravelas*], *Livro de Soror Saudade*, 1923. *Llegué a mi media vida ya cansada / de tanto caminar. ¡Y me he perdido! / De un*

extraño país desconocido / soy, en el mundo inmenso, la exiliada. Trad. Mª Tecla Portela Carreiro (1991, 68).

53. Fidelino de Figueiredo, *Después de Eça de Queiroz* (Madrid: Espasa-Calpe, 1970), 95.
54. José Luis Gavilanes Laso y António Apolinário, *Historia de la literatura portuguesa* (Madrid: Cátedra, 2000), 505.
55. Fidelino de Figueiredo, *op. cit.*, 42.
56. *En toda nuestra vida la quimera / anda tejiendo siempre su vulnerable encaje. / ¡Nunca se encuentra a quien se espera!* Trad. Luis Alfonso Limpo Píriz (2013, 134-135).
57. Fernando Pessoa, *Todavía más allá del otro océano* (de Coelho Pacheco), (¿1917?), en: *El primer Fausto. Todavía más allá del otro océano*. Trad. Francisco Cervantes (Ciudad de México: Centzontle. Fondo de Cultura Económica, 2023 (1ª ed. castellano 1984), 91.
58. *De profundis*, como el texto de Wilde que toma el nombre del salmo 130, de los salmos penitenciales, donde el *de profundis* es el grito desde lo más profundo desde el que se canta a Dios, "desde lo más profundo grito a ti, oh, Señor".
59. *Esfinge* [*Esfinge*], *Livro de Soror Saudade*, 1923. *En la dulzura de la noche oiría / susurrar a la luz de la luna / un De Profundis triste de nostalgias* … Trad. Luis Alfonso Limpo Píriz (2013, 164-165).
60. Un fragmento de esta carta está reproducido *aquí*, vid nota 12.
61. Carta del 22-07-2024 de Florbela a Apeles en "Cartas", (Lisboa: Gráfica Boa Nova, Limitada. S.d., 1952), 94-95.
62. Existe traducción en español de María Tecla Portela Carreiro: *El dominó negro* [1982] (Madrid: Torremozas, 2004).
63. Traducción al español de María Tecla Portela Carreiro, *Las máscaras del destino* [1931] (Madrid: Torremozas, 2002).
64. *Ibidem*, 10.
66. Maria Lúcia Dal Farra, *Afinado desconcerto (contos, cartas, diário)* (São Paulo: lluminuras, 2001), 58.
67. E. Cioran, *Desgarradura*, trad. Mª Dolores Aguilera (Barcelona: Montesinos, 1983), 159-160,

68. Florbela Espanca, *Diário do Último Ano*, prólogo de Natália Correia (Amadora: Livraria Bertrand,1981).

69. *À Morte* [*A la muerte*], *Reliquiae*, 1931): *Con tus dedos de negro terciopelo / cierra estos ojos que ya vieron todo, / corta estas alas que volaron tanto*. Trad. Luis Alfonso Limpo Píriz. (2013, 232-233).

70. "Cartas", Lisboa Gráfica Boa Nova, Limitada. S.d., 1952, 92-93.

71. Rui Guedes, *Acerca de Florbela* (Lisboa: Publicações D.Quixote, 1986), 148.

72. Agustina Bessa-Luís, 1979, 156.

73. *Charneca en Flor*, de *Charneca em Flor*, 1931. *Llena mi pecho, con encanto mágico / un rumor de presagios dolorosos. (...) / Esta fiebre ansiosa que me invade / me quito la mortaja, mi sayal, / y dejo de ser ya Sóror Saudade. / Arde en mis ojos éxtasis de amor, / mi boca sabe a sol, a fruto, a miel. / Soy la charneca reventando en flor.* Trad. Luis Alfonso Limpo Píriz (2013, 74-75).

74. *Nihil novum* [*Nada nuevo*] *Reliquíae*, 1931. *Siempre la bárbara, desierta charneca floreciendo, / en un afán absurdo / Siempre, en la vida, royendo el mismo mal / ¡Siempre abierta, manando, la llaga del hastío!* Trad. *Ibidem*, 110-111.

75. José Carlos Fernández, "Florbela Espanca, alma gémea de Fernando Pessoa", en: *op. cit.*, 321-323. Traducción del poema: *Duerme, duerme, alma soñadora, / ¡Hermana gemela de la mía! / Tu alma, así como la mía, / Rasgando las nubes se cernía / Por encima de los otros, / Buscando nuevos mundos, / Más bellos, más perfectos, más felices. / Criatura extraña, espíritu inquieto, / Lleno de ansiedad, / Tal como yo hacía, creando mundos nuevos, / Bellos como tus sueños, / y vivías en ellos, vivías soñando como yo. / Duerme, duerme, alma soñadora, / ¡Hermana gemela de la mía! / Ya que en vida no tuviste descanso, / Si existe la paz en la sepultura: / ¡La paz sea contigo!*

76. *Ídem*.

Bibliografía mínima

ANDREAS-SALOMÉ, Lou. *El erotismo*. Trad. Mateu Grimalt. Palma de Mallorca: José J. de Olañeta, 2018.

BESSA-LUÍS, Agustina. *A vida e a obra de Florbela Espanca*. Lisboa: Arcádia, 1979.

DE FIGUEIREDO, Fidelino. *Historia de la literatura portuguesa*, trad. Marqués de Lozoya. Barcelona: Editorial Labor, 1927.

– *Después de Eça de Queiroz*, trad. Pedro Blanco Suárez. Madrid: Espasa-Calpe, 1970.

ESPANCA, Florbela. "Sonetos" (edición integral). Porto: Tavares Martins, 1960.

– *Obras completas de Florbela Espanca: poesía, vol. I (1903-1917)* y *vol. II (1918-1930)*, organizado por Rui Guedes. Lisboa: Dom Quixote, 1985.

– "Cartas", organizada por Azinhal Abelho y José Emídio Amaro, con estudio final de los organizadores. Lisboa: Gráfica Boa Nova, Limitada. S.d., 1952.

– *Las espinas de la rosa. Antología poética* (portugués-español), edición de Ángel Guinda. Zaragoza: Olifante, 2002.

– *Charneca en flor [Antología esencial]*, edición, traducción y prólogo de Luis Alfonso Limpo Píriz. Mérida: Editora Regional de Extremadura, 2013.

– *Las máscaras del destino* [1931], trad. Mª. Tecla Portela Carreiro. Madrid: Torremozas, 2002.

– *El dominó negro* [1982], trad. Mª. Tecla Portela Carreiro. Madrid: Torremozas, 2004.

– *Diario del último año*. trad. Beñat Arginzoniz. Edición bilingüe. Bilbao: El Gallo de Oro, 2023. También la edición: *Diario del último año*, trad. David Francisco. Zaragoza: Pregunta Ediciones, 2023.

FERNÁNDEZ, José Carlos. *Florbela Espanca: A vida e a Alma de uma Poetisa*. Bruselas: Edições Nova Acrópole, 2012.

GAVILANES LASO, José Luis, APOLINÁRIO, António. *Historia de la literatura portuguesa*. Madrid: Cátedra, 2000.
GUEDES, Rui. *Acerca de Florbela. Coleção Florbela Espanca*. Lisboa: Publicações D. Quixote, 1986.
PEREIRA DA COSTA, Dalila L., PINHARANDA GOMES, Josué. *Introducción a la Saudade. Antología teórica y aproximación crítica*. México: Fondo de Cultura Económica, 1989
PORTELA CARREIRO, María Tecla. *Florbela Espanca, quimera y saudade*. Madrid: Torremozas, 1991.
– *María de las Quimeras*. Madrid: Torremozas, 2013.

Vola
Archivos

Guy de Maupassant:
Zola, el revolucionario

Stefan Zweig:
Marceline Desbordes-Valmore

Aldous Huxley:
La vulgaridad en literatura

Ramón Gómez de la Serna:
Baudelaire, el desgarrado

Vladimir Maiakovski:
El baño, drama en seis actos

Rebeca Sanmartín Bastida:
La mujer lectora: el mito del siglo XIX

Yevgueni Zamiatin:
La pulga, juego cómico en cuatro actos

Carmen Berná Jiménez:
Los locos de Galdós

G. K. Chesterton:
Magia, una comedia fantástica

Vladimir Maiakovski:
La chinche, una comedia de magia

Jules Verne:
Edgar Allan Poe y sus obras

María Aboal López:
Histeria, literatura y mujer

María González-Díaz:
Llorando con ellas: visiones del Medievo femenino

www.archivosvola.es